Nehemías
el constructor

Tomo 2

Nehemías el constructor

Dr. Kittim Silva

PORTAVOZ

De la serie *Sermones de grandes personajes bíblicos.*

Tomo 2: Nehemías el constructor, © 2003 por Kittim Silva y publicado por Editorial Portavoz, filial de Kregel Publications, Grand Rapids, Michigan 49501. Todos los derechos reservados.

EDITORIAL PORTAVOZ
P.O. Box 2607
Grand Rapids, Michigan 49501 USA

Visítenos en: www.portavoz.com

ISBN 0-8254-1676-0

1 2 3 4 5 edición / año 07 06 05 04 03

Impreso en los Estados Unidos de América
Printed in the United States of America

CONTENIDO

PRÓLOGO

El libro de Nehemías es rico en contenido, y aplicaciones prácticas y espirituales para el liderazgo y para la Iglesia de Jesucristo. Al iniciar esta serie, como en otras anteriores, lo he hecho cumpliendo con la voluntad de nuestro Señor Jesucristo. A medida que las exposiciones se desarrollaban, podía ver lo que el Espíritu Santo estaba realizando en la vida y comunidad de la iglesia, que junto a mi esposa Rosa M. Silva, pastoreamos.

Me quedaba asombrado de poder ver lo que el Espíritu Santo estaba haciendo domingo tras domingo, en cada una de las veintitrés exposiciones. Sin haberlo yo programado, ni estar acomodando exposiciones, el Señor Jesucristo establecía su "buena voluntad" en cada oportunidad que me tocaba exponer el maravilloso libro de Nehemías.

Este libro viene a ser el compañero de *Gedeón el visionario* y de *David el ungido* (Editorial Portavoz), en los cuales expongo principios espirituales de autoridad, de obediencia, de visión y de misión. Son sermones que retan a un compromiso serio en el discipulado cristiano.

Espero que *Nehemías el constructor,* venga a suplir una necesidad para nuestros hermanos hispano parlantes, a todo lo ancho de las Américas y España. De ser así habrá satisfacción en mi corazón por haber cumplido con mi asignación ministerial y pastoral.

Agradezco profundamente a la Iglesia Pentecostal de Jesucristo de Queens, desde cuyo púlpito siempre expongo primero el material, que luego se transforma en bendición para todo el cuerpo evangélico.

La paciencia y atención de ellos, siempre me es de estímulo para seguir hacia adelante cumpliendo con el propósito para el cual Dios me ha llamado. Nuestro púlpito está al servicio de la iglesia latinoamericana. Somos una congregación con una misión internacional, fortaleciendo ministerios y edificando al *cuerpo* de Jesucristo, dondequiera que éste se haya presente.

Además, muchas gracias a la Licenciada Carmen Torres, que con tanto esmero ha trabajado en llevar al computador este trabajo y lo ha hecho con mucho amor. ¡Dios te bendiga!

Kittim Silva
Queens, Nueva York

EL TRASFONDO DE NEHEMÍAS

1

"Palabras de Nehemías hijo de Hacalías.
Aconteció en el mes de Quisleu, en el año veinte,
estando yo en Susa, capital del reino, que vino
Hanani, uno de mis hermanos, con algunos varones
de Judá, y les pregunté por los judíos que habían
escapado, que habían quedado de la cautividad, y los
que quedaron de la cautividad, y por Jerusalén.
Y me dijeron: El remanente, los que quedaron de la
cautividad, allí en la provincia, están en gran mal y
afrenta, y el muro de Jerusalén derribado, y sus
puertas quemadas a fuego. Cuando oí estas palabras
me senté y lloré, e hice duelo por algunos días, y
ayuné y oré delante del Dios de los cielos"
(Nehemías 1:1-4).

Introducción

En los escritos hebreos Esdras y Nehemías aparecen asociados.
En los capítulos 1 al 7 y 11 al 13 parece señalarse a Nehemías
como el autor de los mismos. Los capítulos 8 al 10 por su parte
parecen indicar a Esdras como el autor. Por lo tanto, es un libro
con la colaboración de dos autores.

Por permiso de Artajerjes, Nehemías realizó dos viajes a Judea.
Uno en el año 20 y otro en el año 32 (cp. Neh. 2:1 y 13:6), donde se
desempeñó como gobernador de esta provincia persa.

La narrativa de *Esdras–Nehemías* abarca unos 110 años de
historia. Setenta años después del cautiverio judío que comenzó
con Nabucodonosor (606 a.C.) y que culminó con el edicto de
Ciro (año 536 a.C.); por el ministerio profético de Zacarías y

Hageo, Zorobabel regresa a Jerusalén con una compañía para reconstruir el templo desolado. Unos setenta años después otro grupo dirigido por Esdras regresa también. El énfasis de este era más bien cultivo. A los trece años Nehemías viene con una visión de reconstruir los muros de Jerusalén.

I. La posición de Nehemías

"Palabras de Nehemías hijo de Hacalías. Aconteció en
el mes de Quisleu, en el año veinte, estando yo en
Susa, capital del reino" (1:1).

¿Quién era Hacalías? La narración bíblica no dice ni revela nada del padre de Nehemías. Pero a este sí le interesaba dar a conocer a su padre. Reconocía en su vida la aportación realizada por un padre. En el libro de los Proverbios se hace mucho énfasis en el respeto y estima de los hijos hacia los padres (4:1; 6:20; 10:1; 13:1).

El mismo nombre *Nehemías* es muy significativo: "a quien Dios ha consolado". Y precisamente en su libro se destaca la participación de Dios trayéndole consuelo al este emprender su gran tarea de reconstruir los muros.

Nehemías era también un hombre capitaleño. Por su posición de "copero" (1:11) vivía en el palacio del rey. No era sacerdote, no era profeta, simplemente era un "ministro laico", dispuesto a obedecer a Dios y hacer lo que este quisiera realizar por medio de su vida. Muchos "ministros laicos" han contribuido en la historia de la iglesia.

II. La preocupación de Nehemías

"que vino Hanani, uno de mis hermanos,
con algunos varones de Judá, y le pregunté por los
judíos que habían escapado, que habían quedado de
la cautividad, y por Jerusalén" (1:2).

Las posiciones y los títulos puede tentar a uno a olvidarse de los que están oprimidos y viven en sufrimiento. La tranquilidad del palacio pudo haber anestesiado a Nehemías y hacerlo insensible al dolor y a las pruebas de sus compatriotas. Pero no fue así. Aunque él estaba bien, vivía bien, se preocupa por los que no gozan de su *status quo*.

Charles R. Swindoll utiliza la frase "erosión del ascenso"

(*Pásame otro ladrillo,* Editorial Betania, 1980, p. 29), para referirse a creyentes que al lograr una posición alta, bajan en su relación con Dios. El "virus" del orgullo los infecta y los destruye.

III. La consternación de Nehemías

"Y me dijeron: El remanente, los que quedaron de la cautividad, allí en la provincia, están en gran mal y afrenta, y el muro de Jerusalén derribado, y sus puertas quemadas a fuego" (1:3).

Primero, *"en gran mal y afrenta"*. La *Nueva Biblia Española* (NBE) dice esa expresión: "pasando grandes privaciones y humillaciones". El mundo está en necesidad y la Iglesia tiene que oír su gemido. Tristemente muchos creyentes están más interesados en sí, que en el muro que ha hecho frontera con la comunidad de fe.

Segundo, *"el muro de Jerusalén derribado"*. El templo ya estaba reconstruido; el culto ya había sido restaurado; el avivamiento ya había llegado. ¿Qué más se necesitaba? ¿Qué no estaba bien? Para muchos conformistas, lo que se había hecho ya era suficiente. No había necesidad de incurrir en más gastos, energías y tiempo, en algo que en realidad no era parte del santuario.

Muchos creyentes están muy complacidos con lo que han dado y lo que han hecho por Dios en el pasado. Pero no se dan cuenta, de su "muro de Jerusalén derribado". El cerco de Dios alrededor su vida espiritual está en ruinas. Y cuando ese cerco no se reconstruye, el enemigo puede con facilidad hacer de las suyas.

Tercero, *"y sus puertas quemadas a fuego"*. En Nehemías 3 se mencionan varias puertas reparadas: la puerta de las Ovejas, la puerta del Pescado, la puerta Vieja, la puerta del Valle, la puerta de la Fuente y la puerta de los Caballos.

De estas puertas pudiéramos decir muchas cosas. Cuando lleguemos al capítulo 3 haré varias aplicaciones prácticas. Pero por ahora quiero señalar lo siguiente:

La puerta de las Ovejas. Me recuerda a los creyentes que son el rebaño de Dios. Jesús dijo: "Yo soy la puerta de las ovejas" (Jn. 10:9). Habla de *cuidado.*

La puerta del Pescado. Jesús dijo a Simón y a Andrés: "Venid en pos de mí, y haré que seáis pescadores de hombres" (Mr. 1:17). Habla de *llamamiento.*

La puerta Vieja. Jesús dijo: "Nadie pone remiendo de paño nuevo en vestido viejo; porque tal remiendo tira del vestido, y se hace peor la rotura" (Mt. 9:16). Habla de *cambios*.

La puerta del Valle. En la cita de Lucas leemos: "...todo valle se rellenará..." (Lc. 3:4–6; cp. Is. 40:3–5). Para Lucas, Juan el Bautista es el precursor del Mesías y lo descrito señala los cambios que traería el Mesías. Habla de *transformación*.

La puerta del Muladar. La Nueva Versión Internacional lee: "la Puerta de la Basurero". Jesús dijo: "No lo que entra en la boca contamina al hombre; mas lo que sale de la boca, esto contamina al hombre" (Mt. 15:11). Habla de *limpieza*.

La puerta de la Fuente. En Santiago 3:11 leemos: "¿Acaso alguna fuente echa por una misma abertura agua dulce y amarga?" Habla de *autocontrol*.

La puerta de los Caballos. En Apocalipsis 19:14 leemos: "Y los ejércitos celestiales, vestidos de lino finísimo, blanco y limpio, le seguían en caballos blancos". Estos ejércitos son una referencia a la iglesia glorificada regresando con Jesucristo al final de la tribulación. Habla de *glorificación*.

IV. La reacción de Nehemías

"Cuando oí estas palabras me senté y lloré, e hice
duelo por algunos días, y ayuné y oré delante del Dios
de los cielos" (1:4).

Primero, *"me senté y lloré, e hice duelo por algunos días"*. Antes de decir o hacer algo, Nehemías se identifica con el dolor ajeno. Muchos sirven más al ministerio que a las personas y por eso ya no sienten por los demás. Viven a años luz de distancia espiritual de los que sufren. Nehemías fue un realista compasivo. En vez de simpatizar empalizaba con los que sufrían.

Segundo, *"y ayuné"*. Charles Swindoll dice sobre el ayuno: "Significa dejar de disfrutar de una comida con el fin de cumplir un propósito mayor: el de centrar la puntería en la andanza con Dios" (*Pásame otro ladrillo*, Editorial Betania, 1980, p. 33). El ayuno priva al cuerpo de comida y abre el apetito al espíritu para recibir de Dios.

Tercero, *"y oré delante del Dios de los cielos"*. No hay secretos sobre cómo orar, ni seminarios para aprender a orar. El hábito de la oración se desarrolla orando. La oración acerca el creyente a Dios.

Jesús por causa de la naturaleza humana que tomó, dependió mucho de la oración: (1) Al ser bautizado por Juan en el río Jordán, se nos dice de Jesús: "y orando, el cielo se abrió" (Lc. 3:21). (2) Antes de salir en su gira ministerial por Galilea, leemos: "Levantándose muy de mañana, siendo aun muy oscuro, salió y se fue a un lugar desierto, y allí oraba" (Mr. 1:35). (3) Antes de su arresto en el Getsemaní oró intensamente: "Y estando en agonía, oraba más intensamente; y era su sudor como grandes gotas de sangre que caían hasta la tierra" (Lc. 22:44). (4) Cuando terminaba su ministerio terrenal oraba desde la cruz del Calvario: "Padre, perdónalos, porque no saben lo que hacen" (Lc. 23:34). "Dios mío, Dios mío, ¿por qué me has desamparado?" (Mt. 27:46). "Padre, en tus manos encomiendo mi espíritu" (Lc. 23:46).

Nehemías no sabía qué hacer ante la mala noticia que le dio. No tenía solución para ese problema. Estaba a unos mil trescientos kilómetros de distancia de Jerusalén. ¿Qué podía hacer? Humanamente nada por ahora y espiritualmente solo podía orar. Cuando no sepamos qué hacer, qué decir o qué decisión tomar, oremos.

Conclusión

(1) En el ministerio los laicos también pueden ejercer un ministerio, no solamente los ministros por oficio. (2) El líder como Nehemías sirve con la posición, no se sirve con ella. (3) El líder como Nehemías mira hacia donde está el muro derribado.

2 LA ORACIÓN DE NEHEMÍAS

"Y dije: Te ruego, oh Jehová, Dios de los cielos,
fuerte, grande y temible, que guarda el pacto
y la misericordia a los que le aman y guardan sus
mandamientos; esté ahora atento tu oído y abiertos
tus ojos para oír la oración de tu siervo, que hago
ahora delante de ti día y noche, por los hijos de Israel
tus siervos; y confieso los pecados de los pecados de
los hijos de Israel que hemos cometido contra ti; sí,
yo y la casa de mi padre hemos pecado.
En extremo nos hemos corrompido contra ti, y no
hemos guardado los mandamientos, estatutos y
preceptos que diste a Moisés tu siervo. Acuérdate
ahora de la palabra que diste a Moisés tu siervo,
diciendo: Si vosotros pecareis, yo os dispersaré por
los pueblos; pero si os volviereis a mí, y guardareis
mis mandamientos, y los pusiereis por obra, aunque
vuestra dispersión fuere hasta el extremo de los
cielos, de allí os recogeré, y os traeré al lugar que
escogí para hacer habitar allí mi nombre. Ellos, pues,
son tus siervos y tu pueblo, los cuales redimiste con
tu gran poder, y con tu mano poderosa. Te ruego, oh
Jehová, esté ahora atento tu oído a la oración de tu
siervo, y a la oración de tus siervos, quienes desean
reverenciar tu nombre; concede ahora buen éxito a tu
siervo, y dale gracia delante de aquel varón. Porque
yo servía de copero al rey" (Nehemías 1:5-11).

Introducción

Esta oración expresada por Nehemías (1:5–11), nos recuerda mucho de la oración que anteriormente hizo Daniel (Dn. 9:4–19). Ambas son ricas en contenido, confesión, intercesión, reconocimiento y dependencia hacia Dios.

Más que palabreros que oran con la mente, son intercesores que oran con el corazón. Ambos orantes descienden al nivel del pueblo y no se suben en tarimas de superioridad espiritual. Un estudio a la oración de Nehemías nos dará la clave de la clase de oración que Dios escucha y que tiene resultados.

Una vez más recalco, Nehemías no era profeta, no era sacerdote, era un devoto que cuando no sabía qué hacer o cómo hacer las cosas, doblaba sus rodillas delante de Dios y se ponía a depender exclusivamente de este. La oración pone a Dios de nuestra parte, hace a Dios parte de la solución de nuestros problemas e invita a Dios a participar en nuestra situación.

I. Esta oración reconoce el carácter de Dios

"Y dije: te ruego, oh Jehová, Dios de los cielos, fuerte, grande y temible, que guarda el pacto y la misericordia a los que le aman y guardan sus mandamientos" (1:5).

Para saber lo que Dios puede hacer, tenemos que saber quién es Dios. Muchos desconocen el poder de Dios porque no conocen a Dios. Conocer a Dios va más allá de creer en su Palabra y lo que Dios ha dicho, sino de creer a su Palabra y lo que Dios dice. Muchos creyentes están enfrascados en conocer mucho acerca de Dios, pero conocen muy poco a Dios.

Notemos el espíritu humilde con el cual ora Nehemías: "te ruego…" No oraba exigiendo, ni demandando, sino apelaba a "el pacto y la misericordia" de Dios. Nuestra familiaridad con Dios a veces nos ha hecho olvidar que Dios no es como nosotros; Él es "grande, fuerte y temible".

Nehemías está consciente que aquellos que se acercan a Dios en el vehículo de la oración "le aman y guardan sus mandamientos". A Dios se ama y a Dios se obedece.

El amor psicológicamente es un sentimiento, pero teológicamente es un *imperativo*. Amo a Dios y amo a mis hermanos no porque lo siento, sino porque lo tengo que hacer. Pero decir, que amo a Dios y no cumplir sus mandamientos nos hace violadores de su voluntad.

II. Esta oración reconoce la atención de Dios

"Esté ahora atento tu oído y abiertos tus ojos
para oír la oración de tu siervo, que hago ahora
delante de ti día y noche, por los hijos de Israel tus
siervos; y confieso los pecados de los hijos de
Israel que hemos cometido contra ti; sí, yo y la casa
de mi padre hemos pecado" (1:6).

El creyente que verdaderamente ora busca llamar la atención de Dios no hacia sí, sino a la oración que hace. A Dios no le interesa lo que decimos sino *cómo* lo decimos. ¿Qué motivación tenemos cuando oramos? Oramos acaso para retratarnos espiritualmente delante de los demás.

Para Nehemías no había un tiempo para orar, sino el tiempo de orar. Él oraba "día y noche". Cualquier rincón, cualquier esquina, era su altar de oración. No profetizaba pero oraba, no dirigía cultos, pero oraba.

Nehemías también nos enseña a orar no como excluidos del problema del pueblo, sino como parte del problema. Cuando nos vemos parte del problema, entonces seremos parte de la solución. Nehemías oraba por ellos y oraba por él de igual manera.

III. Esta oración reconoce la confesión sincera

"En extremo nos hemos corrompido contra ti, y no
hemos guardado los mandamientos, estatutos y
preceptos que diste a Moisés tu siervo" (1:7).

Todos los extremos son malos delante de Dios. Si hago más de lo que Dios me pide, ese es un extremo, si hago menos de lo que Dios me pide ese es otro extremo. Los extremos conducen a la indiferencia religiosa o al fanatismo religioso. Unos se limitan en hacer las cosas exigidas por Dios y otros se extralimitan en hacerlas. Unos creen que para ser salvos, la gracia sola es insuficiente y por lo tanto tienen que hacer muchas otras. Otros creen que la gracia es suficiente y que no tienen que hacer alguna obra. La realidad es que somos salvos por gracia y no por obras (Ef. 2:8–9), pero la fe que cree obra (Stg. 2:18).

Nehemías no ora diciendo: "Ellos se han corrompido contra ti, y no han guardado". No son ellos solo, yo también te he fallado. Yo también me he olvidado. También me he descuidado. Además me tengo que arrepentir.

IV. Esta oración reconoce la justicia de Dios

> "Acuérdate ahora de la palabra que diste a Moisés tu
> siervo, diciendo: Si vosotros pecareis, yo os dispersaré
> por los pueblos" (1:8).

Aquí Nehemías resume Levítico 26 y Deuteronomio 30. Se recuerda que la desobediencia a Dios traerá castigo. Por lo tanto, los setenta años de cautiverio en Babilonia, la diáspora y un pueblo alejado de su tierra, era el resultado del pecado colectivo de Israel.

El amor de Dios exige justicia. Amor sin justicia es una injusticia. Si un policía por amor no arresta a un criminal, si un juez por amor no condena a un criminal, si un guardia penal por amor no corrige a un criminal, ahí no hay justicia. Dios es amor, pero Dios es justo. Su amor lo expresó en la cruz del Calvario y su justicia la expresará en el juicio del Gran Trono Blanco.

V. Esta oración reconoce la restauración de Dios

> "Pero si os volviereis a mí, y guardareis mis
> mandamientos, y los pusiereis por obra, aunque
> vuestra dispersión fuere hasta el extremo de los
> cielos, de allí os recogeré, y os traeré al lugar que
> escogí para hacer habitar allí mi nombre" (1:9).

Otra vez Nehemías resume las garantías de Dios archivadas en Levítico 26 y Deuteronomio 30. Él está más que seguro que puede descansar sobre las garantías divinas.

No tenemos de que preocuparnos cuando ya Dios ha hecho provisión para nosotros, y nos mantenemos en su Palabra. Fuera de la Palabra de Dios perdemos el derecho de garantía ofrecido por Dios.

VI. Esta oración reconoce la posición del creyente ante Dios

> "Ellos, pues, son tus siervos y tu pueblo, los cuales
> redimiste con tu gran poder, y con tu mano poderosa"
> (1:10).

Nehemías le recuerda a Dios por quienes él ora y lo que Él ya hizo por ellos. Con énfasis declara en su oración: "son tus siervos y tu pueblo". O sea, aunque sean algunos esclavos en alguna nación, son en realidad tus esclavos y aunque sean minoría en algún pueblo son tu pueblo.

Por causa de Jesucristo, ahora la iglesia tiene una posición de autoridad ante el mundo y de beneficiaria ante Dios:

"Bendito sea el Dios y Padre de nuestro Señor Jesucristo, que nos bendijo con toda bendición espiritual en los lugares celestiales" (Ef. 1:3).

"Y juntamente con él nos resucitó, y asimismo nos hizo sentar en los lugares celestiales con Cristo Jesús" (Ef. 2:6).

Al reconocer quienes somos en Cristo, determinará cómo nos reconoceremos ante el mundo. Tú y yo nos debemos ver como Dios nos ve y no como otros quieren que nos veamos. Somos lo que somos por causa de Jesucristo.

VII. Esta oración reconoce el favor de Dios

"...concede ahora buen éxito a tu siervo,
y dale gracia delante de aquel varón.
Porque yo servía de copero al rey" (1:11).

Nehemías ora por *éxito:* "concede ahora buen éxito a tu siervo". *La Nueva Biblia Española* lee: "Haz que tu siervo acierte".

Dios no desea que en empresas espirituales que forman parte de su voluntad los creyentes fracasen. No emprendamos nada para Dios si no estamos seguros de que a Él le interesa. Muchas veces hacemos cosas que a Dios no le interesan, sino lo que nos interesa a nosotros.

Nehemías asocia el *éxito* con la *oración.* Queremos triunfar en la vida, queremos alcanzar alguna meta que glorifique a Dios, y si deseamos ser instrumentos en algún propósito divino, oremos sencillamente a Dios para que nos ayude a triunfar.

Nehemías ora por *gracia:* "y dale gracia delante de aquel varón". La *Nueva Biblia Española* lee: "y logre conmover a este hombre".

A cada creyente Dios nos da una gracia para hacer o realizar algo. Cuando Dios quiere que tú hagas algo, Él te dará la gracia para hacerlo. Cualquiera te puede imitar en lo que tú haces, cómo tú hablas, pero si no tienes la gracia, los resultados serán pocos o ninguno.

Nahum Rosario hablando de la gracia ha dicho: "No es lo que tú quieras, lo que te guste lo que tú quieras, lo que te guste lo que se va a manifestar en tu vida; sino la operación de la gracia que Dios ha planeado para ti. No importa cuánto ore y ayune una persona para hacer lo que otro está haciendo, si no es parte de la gracia de Dios para él, terminará frustrado y decepcionado" (*Los secretos de la unción*, Publicaciones Maranatha, Chicago, p. 77).

En esta parte de la oración, Nehemías le pide a Dios que lo haga participante de la solución. Descubrió una necesidad y buscó llenarla. El mundo está lleno de mucha gente que ven, dicen, pero *no hacen*. En vez de decir: "En mi congregación no se está haciendo esto, y se ha descuidado aquello, o si se hiciera tal o cual cosa", ¿por qué no oramos diciendo: "Señor, úsame para hacer esto que en la iglesia se está necesitando? En vez de ser un observador hazme un participador".

Conclusión

(1) Oremos sabiendo quien es Dios. (2) Oremos buscando la atención de Dios por lo que oramos. (3) Oremos evitando tomar extremos. (5) Oremos amparados en las garantías divinas. (6) Oremos viéndonos en la posición que Dios nos ve. (7) Oremos para triunfar y para recibir gracia de Dios.

LA
AUDIENCIA DE
NEHEMÍAS

"Sucedió en el mes de Nisán, en el año veinte del rey Artarjerjes, que estando ya el vino delante de él, tomé el vino y lo serví al rey. Y como yo no había estado antes triste en su presencia, me dijo el rey: ¿Por qué está triste tu rostro? Pues no estás enfermo. No es esto sino quebranto de corazón. Entonces temí en gran manera. Y dije al rey: Para siempre viva el rey. ¿Cómo no estará triste mi rostro, cuando la ciudad, casa de los sepulcros de mis padres, está desierta, y sus puertas consumidas por el fuego? Me dijo el rey: ¿Qué cosa pides? Entonces oré al Dios de los cielos, y dije al rey: Si le place al rey, y tu siervo ha hallado gracia delante de ti, envíame a Judá, a la ciudad de los sepulcros de mis padres, y la reedificaré. Entonces al rey me dijo (y la reina estaba sentada junto a él): ¿Cuánto durará este viaje, y cuándo volverás? Y agradó al rey enviarme, después que yo le señalé tiempo. Además dije al rey: Si le place al rey, que se me den cartas para los gobernadores al otro lado del río, para que me franqueen el paso hasta que llegue a Judá; y carta para Asaf guarda del bosque del rey, para que me dé madera para enmaderar las puertas del palacio de la casa en que yo estaré. Y me lo concedió el rey, según la benéfica mano de Jehová sobre mí. Vine luego a los gobernadores del otro lado del río, y les di las cartas del rey. Y el rey envió conmigo capitanes del ejército y gente de a caballo. Pero oyéndolo Sanbalat horonita y Tobías el siervo amonita, les disgustó en extremo que viniese alguno para procurar el bien de los hijos de Israel" (Nehemías 2:1-10).

Introducción

Desde el mes de Quisleu al final de noviembre y el principio de diciembre, hasta el mes de Nisán (marzo y abril), habían pasado cuatro meses, tiempo durante el cual Nehemías se había metido en una campaña de oración y ayuno. Antes de emprender cualquier empresa, el líder se debe consagrar a Dios. Hombres y mujeres apartados para Dios podrán emprender grandes proyectos para Dios. La oración abre las puertas de las oportunidades, y así sucedió con Nehemías.

I. La oportunidad esperada

"...tomé el vino y lo serví al rey. Y como yo no había estado antes triste en su presencia, me dijo el rey: ¿Por qué está triste tu rostro? pues no estás enfermo. No es esto sino quebranto de corazón. Entonces temí en gran manera. Y dije al rey: Para siempre viva el rey. ¿Cómo no estará triste mi rostro, cuando la ciudad, casa de los sepulcros de mis padres, está desierta, y sus puertas consumidas por el fuego? Me dijo el rey: ¿Qué cosa pides? Entonces oré al Dios de los cielos, y dije al rey: Si le place al rey, y tu siervo ha hallado gracia delante de ti, envíame a Judá, a la ciudad de los sepulcros de mis padres, y la reedificaré" (2:1-5).

Durante cuatro meses Nehemías supo guardar bien su secreto. Solo Dios sabía de su necesidad. Más que demostrar su religión, él la vivía. Su posición de "copero" exigía de él, fidelidad, servicio, y además le hacía una persona influyente, pero a la vez tenía que cuidarse de no tomar ventajas de la misma.

El rey no podía beber o comer ningún alimento, que antes no pasara por la prueba de vida o muerte, en las papilas gustativas del copero.

Notemos además, que Nehemías era un servidor con una buena actitud. Antes de esta ocasión nunca había estado triste ante el rey. Aquellos que son servidores, lo deben hacer siempre con una buena cara y una buena disposición. Servir a otros es servirle a Jesucristo mismo. Lo que se realiza para Dios se debe hacer con buena voluntad. Un diácono quizá no sea un buen servidor, pero un buen servidor puede ser un buen diácono.

Esa cara diferente, que no era la usual, llamó la atención del rey, dándole a Nehemías la oportunidad de ventilar su problema. Allí le abrió su corazón. Pero antes de hacer alguna petición, dice la escritura: "Entonces oré al Dios de los cielos". Esa oración le ayudó a presentar su petición al rey diciéndole: "Si le place al rey, y tu siervo ha hallado gracia delante de ti, envíame a Judá [...] y la reedificare".

La oración puso a Nehemías en gracia con el rey. Su petición es sencilla: "Envíame a Judá". Iría por comisión del monarca y no por su voluntad propia. Tampoco viajaría como un turista, sino que trabajaría, " y la reedificaré".

II. La planificación elaborada

"Entonces el rey me dijo (y la reina estaba
sentada junto a el): ¿Cuánto durará tu viaje, y cuándo
volverás? Y agradó al rey enviarme, después que
yo le señalé tiempo" (2:6).

Nehemías no vino al rey con un plan improvisado o con una agenda de última hora. Estaba preparado para las preguntas que se le formularán. La mención de la reina junto al rey, podría significar que Nehemías estaba bien parado con ésta. Y una movida de cabeza o un toque de manos de ésta al rey, le ayudaría mucho. Esto me enseña que Nehemías era bueno en relaciones públicas. Sabía cómo interrelacionarse con las personas. Y ante sus superiores gozaba de estima y consideración.

Al rey le interesaba la duración del viaje y el retorno de su copero Nehemías. Los proyectos se mueven bajo una agenda de tiempo. No premeditar el tiempo puede significar pérdida de tiempo. El tiempo es crucial en lo que queramos hacer y en lo que queramos alcanzar.

Cuando Nehemías le dio un tiempo preciso al rey, éste le agradó darle el tiempo requerido. Notó que Nehemías estaba muy en serio y determinado en lo que haría.

III. La petición añadida

"Además dije al rey: Si le place al rey, que se me
den cartas para los gobernadores al otro lado del
río, para que me franqueen el paso hasta que
llegue a Judá; y carta para Asaf guarda del bosque
del rey, para que me dé madera para enmaderar las
puertas del palacio de la casa, y para el muro de
la ciudad, y la casa en que yo estaré. Y me lo
concedió el rey, según la benéfica mano de Jehová
sobre mí [...] Y el rey envió conmigo capitanes del
ejército y gente de a caballo" (2:7-9).

Nehemías era un creyente de mucha fe. Los creyentes de fe
cuando Dios le entrega un llavero abren todas las puertas. La
vida de fe catapulta al creyente en la dimensión de ver resultados,
y lo hace participar del poder y presencia divina.

Él también fue precavido, previó los problemas que podían
suscitarse en el camino. Por eso requirió "cartas para los
gobernadores". Quería hacer todo dentro del marco legal. Su meta
era salir bien para llegar bien.

También en un acto de fe, pidió por materiales, es decir madera
para las puertas del palacio de la casa, el muro de Jerusalén y
para la casa donde se alojaría. Los hombres y mujeres de Dios
saben tomar ventajas de las oportunidades, cuando piden y
extienden las manos y no las encogen.

El rey podía decir que no, pero esto no lo sabría si antes no le
pedía. Los triunfadores nunca piensan en que no se puede, si no
tratan antes para poder.

¿Qué hizo el rey? Le dio todo lo que pidió. Si hubiera pedido
más le hubiera dado más. ¿Por qué? Nehemías contesta: "la
benéfica mano de Jehová [esta] sobre mi". Aun le dio seguridad
y protección.

IV. La oposición inesperada

"Pero oyéndolo Sanbalat horonita y Tobías el siervo
amonita, les disgustó en extremo que viniese alguno
para procurar el bien de los hijos de Israel" (2:10).

Toda buena obra emprendida para engrandecer y levantar a
Dios, en su etapa inicial confrontará la oposición. Por lo tanto, el

rechazo inicial de algunas personas, que no captan la visión, no significa fracaso, por el contrario debe alentarnos a continuar perseverando hasta alcanzar el objetivo.

Sanbalat y Tobías eran los archienemigos del siervo de Dios. Eran dos individuos sin visión espiritual. Se nos declara que "les disgustó en extremo que viniese alguno para procurar el bien de los hijos de Israel".

En un espíritu de disgusto, no se recibe lo que hace el hombre o la mujer de Dios. Al enojarse contra Nehemías se estaban enojando contra Dios. Nehemías era un embajador de Aquel que quería "procurar el bien de los hijos de Israel".

El nombre Tobías significa "Yahveh es bueno". Era un individuo de mucha influencia, quizá medio judío y tenía amigos judíos (6:18 y 13:4). Su asociación con Sanbalat, gobernador de Samaria, lo hace ver como un delegado de aquel. Tenía un nombre muy espiritual, pero poseía una naturaleza muy carnal.

Conclusión

(1) La buena actitud debe destacar a los servidores de Dios. (2) El líder con una visión que quiere emprender una misión debe prepararse con anticipación y conocer en qué tiempo desea realizarla. Las relaciones publicas son importantes cuando queremos alcanzar alguna meta. (3) El líder de mucha fe provee los inconvenientes que pueda encontrar en su camino al éxito. (4) La oposición inicial no debe amedrentarnos, mas bien alentarnos a perseverar en el objetivo.

LA EVALUACIÓN DE NEHEMÍAS

"Llegué, pues, a Jerusalén; y después de estar allí tres días, me levanté de noche, yo y unos cuantos hombres conmigo, sin declarar a nadie lo que mi Dios había puesto en mi corazón que hiciese en Jerusalén; ni había cabalgadura conmigo, excepto la única en que yo cabalgaba. Y salí de noche por la puerta del Valle hacia la fuente del Dragón y a la puerta del Muladar; y observé los muros de Jerusalén que estaban derribados, y sus puertas que estaban consumidas por el fuego. Pasé luego a la puerta de la Fuente, y al estanque del Rey, pero no había lugar por donde pasase la cabalgadura en que iba. Y subí de noche por el torrente y observé el muro, y di la vuelta y entré por la puerta del Valle, y me volví. Y no sabían los oficiales a dónde yo había ido, ni qué había hecho, ni hasta entonces lo había declarado a los judíos y sacerdotes, ni a los nobles y oficiales, ni a los demás que hacían la obra. Les dije, pues: Vosotros veis el mal en que estamos, que Jerusalén está desierta, y sus puertas consumidas por el fuego; venid, y edifiquemos el muro de Jerusalén, y no estemos más en oprobio. Entonces les declaré cómo la mano de mi Dios había sido buena sobre mí, y asimismo las palabras que el rey me había dicho. Y dijeron: Levantémonos y edifiquemos. Así esforzaron sus manos para bien. Pero cuando lo oyeron Sanbalat horonita, Tobías el siervo amonita y Gesem el árabe,

hicieron escarnio de nosotros y nos despreciaron,
diciendo: ¿Qué es esto que hacéis vosotros? ¿Os
rebeláis contra el rey? Y en respuesta les dije: El Dios
de los cielos, él nos prosperará, y nosotros sus
siervos nos levantaremos y edificaremos, porque
vosotros no tenéis ni parte, ni derecho, ni memoria en
Jerusalén" (Nehemías 2:11-20).

Introducción

Todo líder que es llamado por Dios a realizar una tarea
específica para Él, es uno que ha captado la visión de Dios y hasta
que no está seguro de esta no la divulga a nadie (2:11–12).
Tampoco se aventura a hacer las cosas sin antes realizar una
evaluación de lo que se necesita y de lo que hay que hacer (2:13–
16). En el momento dado compartirá su visión, para que esta sea
adoptada por otros, mientras los demás piensen que es su visión,
éstos no responderán a la misma; pero cuando la adopten como
la visión que es también de ellos, éstos la encausarán (2:17–18).
Ante el desánimo y la oposición, el líder constructor de una visión
responderá con fe y confianza en Dios (2:18–19).

I. La visión callada

"Llegué, pues, a Jerusalén, y después de estar allí tres
días, me levanté de noche, yo y unos pocos varones
conmigo y no declaré a hombre alguno lo que Dios
había puesto en mi corazón que hiciese en Jerusalén;
ni había cabalgadura conmigo, excepto la única en
que yo cabalgaba" (2:11-12).

Nehemías era el líder calculador, que se movía por una visión
de Dios y no por una emoción del momento. Sabía esperar en
Dios. Esos momentos de espera nos permiten que hagamos las
cosas con el menor riesgo de fracasos posibles. En Jerusalén
Nehemías estuvo tres días quieto, sin accionar, pero planificando
y dejando a Dios hacer los planes. Cuando Dios no habla al líder,
lo mejor que éste puede hacer es esperar.

Charles Swindoll ha dicho: "Los líderes de éxito saben
manejarse en la soledad" (*Pásame otro ladrillo,* Editorial Betania,
1980, p. 55). El éxito de cualquier líder no depende del brillo o

del reflejo que pueda tener públicamente, sino de lo que hace calladamente. ¿Quiénes somos nosotros cuando estamos lejos del reconocimiento público? ¿Cómo nos manejamos cuando Dios es el único que nos ve? La mucha actividad religiosa no es sinónima de santidad, ni de consagración. La consagración responde a una experiencia de soledad con Dios y no a las muchas cosas que hagamos para Dios. En el balcón del ministerio o en la sala del descanso, Nehemías era el mismo. No eran dos Nehemías, era un solo Nehemías. Las revelaciones de Dios, no las divulgaba hasta tanto este no le diera permiso para hacerlo. Cuando Dios lo mandaba a callarse la boca, este se callaba. El mucho hablar es un peligro espiritual. San Francisco de Asís dijo algo que parafraseo: "Predica mucho, pero habla poco" (predica el evangelio en todo tiempo, si es necesario, usa palabras).

Me llama la atención que Nehemías era el único que andaba en cabalgadura. Los líderes muchas veces andan montados en la visión, mientras que los que los acompañan andan a pie. Y esta ventaja del líder la debe tomar en cuenta y no apresurar a aquellos que no se pueden mover ligeros como éste.

II. La visión analizada

"y salí de noche por la puerta del Valle hacia
la fuente del Dragón y a la puerta del Muladar;
y observé los muros de Jerusalén que estaban
derribados, y sus puertas que estaban consumidas
por el fuego. Pasé luego a la puerta de la Fuente, y al
estanque del Rey; pero no había lugar por donde
pasase la cabalgadura en que iba. Y subí de noche
por el torrente y observé el muro, y di la vuelta y
entré por la puerta del Valle, y me volví. Y no sabían
los oficiales a dónde yo había ido, ni qué había
hecho; ni hasta entonces lo había declarado yo a los
judíos y sacerdotes, ni a los nobles y oficiales, ni a
los demás que hacían la obra" (2:13-16).

Nehemías realizó un viaje de inspección. Lo hizo de noche para no llamar la atención de lo que quería hacer y de esa manera evitar hablar de su visión.

Notemos que salió "por la puerta del Valle" (2:13) y regresó "por la puerta del Valle" (2:15). Le dio la vuelta completa a los muros de Jerusalén y a las puertas: "Y observé los muros de Jerusalén que estaban derribados, y sus puertas que estaban consumidas por el fuego" (2:13).

La visión de un líder debe ser completa. Tiene que aprender a dar la vuelta redonda a todo proyecto que desee emprender. Cada detalle debe ser observado minuciosamente. Hay que analizar los detalles, pero cuidarse de que los detalles atrapen a uno y tranquen la visión.

Nehemías escogió unos pocos varones para realizar su caminata de observación. La visión siempre comienza con "unos pocos". A esos pocos el líder les muestra lo que necesita cambios o necesita ser reparado.

Nehemías en el "estanque del Rey", que puede referirse al acueducto construido por el rey Ezequías, que traía agua de Gihón a Jerusalén (2 Cr. 32:30); no pudo pasar con su cabalgadura. Posiblemente tuvo que caminar a pie, indicando que el líder también sabe bajarse de su posición en su plan de observación.

Nehemías fue el líder que no le decía todo a sus subalternos. Los líderes tienen que cuidarse de la tentación de hablar mucho. Muchas cosas no se pueden decir antes de tiempo.

III. La visión declarada

"Les dije, pues: Vosotros veis el mal en que estamos, que Jerusalén está desierta, y sus puertas consumidas por el fuego; venid, y edifiquemos el muro de Jerusalén, y no estemos más en oprobio. Entonces les declaré como la mano de mi Dios había sido buena sobre mí, y asimismo las palabras que el rey me había dicho. Y dijeron: Levantémonos y edifiquemos. Así esforzaron sus manos para bien" (2:17-18).

Nehemías primero les despertó conciencia en cuanto a la condición del muro y las puertas de Jerusalén. Ellos vieron la necesidad de construir y reparar.

Nehemías se hizo parte del problema y parte de la solución. No les dijo: "Fíjense en el problema que ustedes tienen aquí en Jerusalén". Más bien les dijo: "Fijémonos en el problema que nosotros tenemos aquí en Jerusalén".

Les señaló el problema: "Vosotros véis el mal en que estamos". Pero también les mostró la solución: "Venid, y edifiquemos el muro de Jerusalén". Además de mostrarle el resultado: "Y no estemos más en oprobio", o sea "el problema es nuestro, la solución es nuestra y el beneficio es nuestro".

Nehemías pudo poner en adopción la visión que Dios le había dado a él. Ya no sería su visión, sino la visión de todos, es decir de los oficiales, de los sacerdotes y del pueblo. Nehemías entonces compartió su testimonio de fe y desveló la visión ante ellos. Les dejó ver que su motivación venía de Dios y que su confirmación venía del rey. La consigna de trabajo nació del pueblo: "Levantémonos y edifiquemos. Así esforzaron sus manos para bien" (2:18). Notemos que Nehemías no presionó al pueblo, él simplemente habló palabras de fe y comunicó la visión, y el pueblo se alineó con la voluntad de Dios. Los líderes no necesitan convencer mucho para ser seguidos, si lo que están promoviendo habrá de suplir una necesidad. Notemos que Nehemías es la clase de líder que está dispuesto a enrollarse sus mangas y a ensuciarse las manos, en que aquello que cree que es el propósito de Dios para su pueblo.

IV. La visión obstaculizada

"Pero cuando lo oyeron Sanbalat horonita, Tobías el siervo amonita, y Gesem el árabe, hicieron escarnio de nosotros, y nos despreciaron, diciendo: ¿Qué es esto que hacéis vosotros? ¿Os rebeláis contra el rey? Y en respuesta les dije: El Dios de los cielos, él nos prosperará, y nosotros sus siervos nos levantaremos y edificaremos, porque vosotros no tenéis parte ni derecho ni memoria en Jerusalén" (2:19-20).

Parece ser que Nehemías comenzó a organizar a los grupos de trabajo. Estaba muy motivado y no quería perder mucho tiempo. Su entusiasmo contagiaba a muchos.

La visión no siempre será canalizada sin oposición. Sanbalat, Tobías y Gesem, el mundo, la carne y las dudas, se opondrán contra las cosas y los planes del Espíritu Santo. Estos enemigos de la fe desprecian y se rebelan contra todo proyecto motivado por Dios.

A las preguntas hirientes y negativas de este trío del diablo, Nehemías mantiene su compostura, piensa sus palabras, mide sus acciones y les responde poniendo a Dios y al futuro de su lado: "El Dios de los cielos, él nos prosperará, y nosotros sus siervos nos levantaremos y edificaremos, porque vosotros no tenéis parte ni derecho ni memoria en Jerusalén" (2:20). Ante la crítica y la oposición Nehemías respondió con determinación. Ni ellos, ni lo que dijeran, lo harían a él desistir los planes recibidos por Dios.

Básicamente Nehemías decía: "Como Dios nos ha metido en este asunto, el proyecto seguirá hacia adelante, la mano de obra no se parará; pero ustedes los pensadores negativos, los pesimistas recalcitrantes, los que están cruzados de manos, están excluidos de formar parte de esta visión".

Nehemías oiría la voz de Dios y no la voz de sus opositores. Muchas veces oímos más a los que dicen que no se puede, que al Dios que dice que sí podemos. La critica no nos debe sentar, por el contrario nos debe levantar.

Para Nehemías fue una ventaja que desde antes de comenzar en el proyecto, Sanbalat, Tobías y Gesem, manifestaran su espíritu de oposición. Nehemías ya sabía cómo ellos pensaban y se cuidaría de estos. No hay peor enemigo que los que trabajan solapadamente, como la polilla que come por dentro, hasta destruir por fuera.

Conclusión

(1) El líder debe oír de Dios y callar ante los demás cuando así Dios se lo requiera. (2) El líder prestará atención a los detalles, pero no dejará que los detalles le desvíen de su atención. (3) El líder debe procurar que otros adopten la visión que este ha recibido. (4) El líder sabrá responder con fe a la crítica y continuará hacia adelante en su proyecto a pesar de la oposición.

EL TRABAJO COLECTIVO DE NEHEMÍAS

"Entonces se levantó el sumo sacerdote Eliasib con sus hermanos los sacerdotes, y edificaron la puerta de las Ovejas. Ellos arreglaron y levantaron sus puertas hasta la torre de Hamea, y edificaron hasta la torre de Hananeel (3:1). ...E inmediato a ellos restauraron los tecoítas; pero sus grandes no se prestaron para ayudar a la obra de su Señor (3:5). ...Junto a ellos restauró Salum hijo de Halohes, gobernador de la mitad de la región de Jerusalén, él con sus hijas (3:12)..." (Nehemías 3:1-32).

Introducción

Este es el capítulo del trabajo. El nombre de Nehemías no se menciona en ninguna parte. Eso no es de extrañar, ya que un líder como Nehemías, no necesita ser reconocido para uno darse cuenta de que está trabajando. De manera invisible y silenciosa él despliega sus capacidades como el líder que organiza, delega y supervisa.

Las palabras claves en este capítulo son: "restauraron" y "restauró", "edificaron" y "edificó", "levantaron" y "levantó". Son verbos que hablan de acción voluntaria y colectiva.

En este trabajo de reconstrucción y reparación participaron clérigos y laicos, el sumo sacerdote como los sacerdotes, gobernadores como comerciantes; había trabajo para todos y era el trabajo de todos. ¡Hasta las mujeres aquí trabajaron!

I. El ejemplo en el trabajo

"Entonces se levantó el sumo sacerdote Eliasib

con sus hermanos los sacerdotes, y edificaron
la puerta de las Ovejas. Ellos arreglaron y
levantaron sus puertas hasta la torre de Hamea, y
edificaron hasta la torre de Hananeel" (3:1).

El hecho del sumo sacerdote Eliasib haberse levantado con sus hermanos sacerdotes o su familia sacerdotal, indica que como líder espiritual había captado la visión que a través de Nehemías Dios había dado. Eliasib no solo captó la visión, sino que fue el primero en encabezar una lista de voluntarios en el trabajo para Dios.

El problema es que hoy día, muchos líderes espirituales oran mucho, ayunan mucho, participan de muchos cultos a Dios, pero a la hora de hacer trabajo voluntario, es difícil encontrarlos. No están dispuestos a tomar el pico y la pala para edificar.

El liderazgo espiritual de la congregación debe formar parte de la "operación manos a la obra". Cuando ellos se mueven, el pueblo también se moverá.

Como líderes nos comprometeremos con la visión y con la acción. En vez de decir: "hagan", tenemos que decir: "vean lo que nosotros hacemos"; en vez de decir: "den", digamos: "vean como nosotros damos".

II. La falta de cooperación en el trabajo

"E inmediato a ellos restauraron los tecoítas;
pero sus grandes no se prestaron para ayudar
a la obra de su Señor" (3:5).

Me gusta como dice la *Biblia de Jerusalén* la segunda parte del pasaje citado: "pero sus notables se negaron a poner su cuello al servicio de sus señores". La expresión "de sus señores" debe entenderse como una referencia a Nehemías y a sus colegas. No todo el mundo captó la visión predicada por Nehemías. En este caso encontraremos a un grupo de subalternos que dijeron: "Sí", pero sus superiores dijeron: "No".

No pensemos que todos los que se declaran afirmativamente con una visión, responderán decididamente a la misma. Cualquiera hace una promesa para Dios, pero no cualquiera la cumple.

Los "tecoítas" se entusiasmaron con el *"proyecto Nehemías"*, se enrollaron las mangas y dijeron: "Manos a la obra". "Este trabajo

El trabajo colectivo de Nehemías   33

hay que hacerlo ya. No esperemos por nadie más y vamos para encima".
Por su parte sus autoridades representativas dijeron: "Este 'proyecto Nehemías' parece que tiene gato encerrado. Nehemías tiene que estar buscando algo detrás de este llamado a la acción. Es demasiado prematuro para nosotros embarcarnos en una aventura que pueda fracasar. Los que quieran trabajar con Nehemías y sus asociados, tienen nuestro permiso para trabajar. De parte nuestra necesitamos más tiempo para evaluar, analizar y tomar una acción".
No todo el mundo cooperará con el líder que cree en una visión y afirma que es de Dios. Siempre habrá una compañía de observadores que se cruzan de brazos, que solo miran y que guardan cierta distancia. Aunque estos no le brinden su apoyo y se nieguen "a poner su cuello al servicio" de los líderes visionarios; estos últimos procederán hacia adelante con aquellos que ante la conquista no retroceden.

III. La inclusividad en el trabajo
"Junto a ellos restauró Salum hijo de Halohes, gobernador de la mitad de la región de Jerusalén, él con sus hijas" (3:12).

La *Nueva Biblia Española* traduce la declaración "con sus hijas" (RV) como "con sus villas", como dando a entender que es una referencia no a "hijas" en el sentido literal del término, sino a las "villas" o regiones de Jerusalén. Esto es un poco ambiguo ya que el hebreo es claro en decir: "sus hijas". La *Biblia de Jerusalén* traduce "con sus hijos", aunque en su nota al pie de la página aclara que en el hebreo alude a "sus hijas".
Me llama la atención de que en todo el capítulo 3 de Nehemías, este sea el único lugar donde el género femenino tenga su representación. Es como si Dios mismo indicara que las mujeres, que eran relegadas a un segundo plano o a ninguno, puedan aquí tener una inclusión en el trabajo realizado para Él.
Esto nos recuerda de aquel pasaje singular en Lucas 8:2–3 donde leemos: "y algunas mujeres que habían sido sanadas de espíritus malos y de enfermedades: María, que se llamaba Magdalena, de la que habían salido siete demonios, Juana, mujer de Chuza intendente de Herodes, y Susana, y otras muchas que le servían de sus bienes".
En el trabajo voluntario para el Señor Jesucristo las mujeres

también tienen posiciones abiertas. Se había manifestado un espíritu de vagancia, "pero sus grandes no se prestaron para ayudar a la obra de su Señor" (3:5). Las mujeres responden con un espíritu de compromiso y de trabajo para usar el palustre, meter la pala en la mezcla y poner los ladrillos: "él con sus hijas". El trabajo del Señor jamás se detendrá por la falta de hombres que no quieran trabajar, que renuncien, que le cojan miedo a la carga. Cuando un hombre se sienta, Dios levanta a una mujer; cuando un hombre suelta, una mujer agarra; cuando un hombre declina, la mujer se postula.

La intención original de Dios en el ministerio es usar a los hombres para posiciones como pastor, maestro, misionero y evangelistas. Pero ante la negación de muchos, el Espíritu Santo está levantando mujeres, las está dando gracia para ayudar, las está ungiendo con poder y las está respaldando con sus dones.

El lente profético del salmista David en el Salmo 68:11, vio este levantamiento ministerial de las mujeres cuando declaro: "Había grande multitud de las que llevaban buenas nuevas". Esa declaración "grande multitud" se puede traducir "millares" (NBE) y "un ejército inmenso" (BJ).

Ante este levantamiento de mujeres ministrando, los hombres debemos responder: (1) con mucho aprecio y estima hacia nuestras hermanas; (2) con respeto a los dones y al llamado que Dios les ha dado; (3) con el apoyo y el respaldo espiritual; y (4) con un espíritu de aceptación ante Dios por lo que éste está haciendo a través de ellas.

En el otro extremo muchos hombres responden negativamente al ministerio de la mujer: (1) con desprecio y subestimación hacia estas; (2) sin respeto ninguno a sus dones y al llamado que estas han recibido de Dios; (3) sin darle su apoyo y respaldo; y (4) con un espíritu de rechazo a su ministerio.

Conclusión

(1) Los líderes espirituales deben ser los primeros en dar ejemplo con su trabajo y su respaldo económico a la obra del Señor. (2) La falta de cooperación de algunos líderes que no ponen su cuello al servicio del proyecto visionario, no debe desalentar al líder visionario. Esta falta de compromiso y de actividad es de esperarse de parte de algunos. (3) En la actualización de una visión traducida en un proyecto, hay trabajo voluntario para las mujeres. Las mujeres con Dios siempre podrán ayudar en la obra del Señor y éste no las rechazará por causa de su género.

LA OPOSICIÓN A NEHEMÍAS

"Cuando oyó Sanbalat que nosotros edificábamos el muro, se enojó y se enfureció en gran manera, e hizo escarnio de los judíos. Y habló delante y dijo: ¿Qué hacen estos débiles judíos? ¿Se les permitirá volver a ofrecer sus sacrificios? ¿Acabarán en un día? ¿Resucitarán de los montones del polvo las piedras que fueron quemadas? Y estaba junto a él Tobías amonita, el cual dijo: Lo que ellos edifican del muro de piedra, si subiere una zorra lo derribara. Oye, oh Dios nuestro, que somos objeto de su menosprecio, y vuelve el baldón de ellos sobre su cabeza, y entrégalos por despojo en la tierra de su cautiverio. No cubras su iniquidad, ni su pecado sea borrado delante de ti, porque se airaron contra los que edificaban. Edificamos, pues, el muro, y toda la muralla fue terminada hasta la mitad de su altura, porque el pueblo tuvo animo para trabajar" (Nehemías 4:1-6).

Introducción

El "proyecto Nehemías" se encontró pronto con una fuerte oposición. Los no visionarios, los pesimistas, los que no quieren cambios, tan pronto comienza la obra de Dios, estos se levantan en huelga. Ya con anterioridad Sanbalat horonita, Tobías el siervo amonita y Gesem el árabe, se habían disgustado con la visión declarada de Nehemías (2:19). Nehemías les respondió con palabras de confianza y de esperanza en Dios (2:20).

Pero en este capítulo 4 los antiguos enemigos de la oposición vienen de manera más abierta, para sembrar el desánimo y la frustración entre un pueblo animado. Nehemías les respondió a sus ataques, con su arma favorita que era la oración (2:4:3–4).

I. La oposición de la minoría contra el proyecto

"Cuanto oyó Sanbalat que nosotros edificábamos
el muro, se enojó y se enfureció en gran manera,
e hizo escarnio de los judíos" (4:1).

Desde el mismo principio Sanbalat fue un enemigo al descubierto. Se había opuesto al *"proyecto Nehemías"* y ahora todavía se opone más. Sanbalat quizás pensó que el escarnio y el desprecio inicial (2:19), habían hecho mella en la voluntad de Nehemías. Pero los hombres y mujeres que Dios llama tienen una voluntad de acero, que el fuego del acetileno de la crítica no derrita fácilmente.

Ese enojo y esa furia de Sanbalat contra Nehemías y sus asociados, era también contra Dios mismo. El que se enoja contra un siervo de Dios, se enoja contra Dios. El que se opone a un proyecto de Dios, se opone a Dios. Sanbalat se estaba metiendo en problemas serios con Dios y no se daba cuenta.

Por el versículo 2 de este capítulo 4 descubrimos que el ejército de Samaria, ya había sitiado a Jerusalén. Sanbalat entonces habla como un agitador: "¿Qué hacen estos desgraciados judíos? ¿No hay nadie que se lo impida? ¿Van a ofrecer sacrificios? ¿Se creen que van a terminar hoy y a resucitar de montones de escombros una piedras calcinadas?" (NBE).

Sanbalat sabía usar bien la lengua para desanimar. Con su mensaje fatalista y de derrota procuraba sembrar miedo y temor en los judíos, y a la vez alentar a sus seguidores.

Al lado de Sanbalat estaba su lugarteniente en la carne, su compinche del mundo, su condiscípulo del diablo, el sin voluntad propia llamado Tobías. Este se une a aquel diciendo: "Lo que ellos edifican del muro de piedra, si subiere una zorra lo derribará".

Entre ellos mismos había desacuerdo. Para Sanbalat la opinión era: (1) *Subestimación* — "¿Qué hacen estos débiles judíos?" (2) *Oposición* — "¿Se les permitirá volver a ofrecer sacrificios? (3) *Incredulidad* — "¿Acabarán en un día?" (4) *Imposibilidad* — "¿Resucitarán de los montones del polvo las piedras que fueron quemadas?"

La oposición a Nehemías   37

La opinión de Tobías era que ellos edificarían, pero la construcción sería muy débil. Era muy pesimista y negativo. Veía el fracaso no el triunfo de Nehemías. ¡Cuán equivocado estaba!

II. La oración es el arma de un líder contra la oposición

"Oye, oh Dios nuestro, que somos objeto de
su menosprecio, y vuelve el baldón de ellos sobre
su cabeza, y entrégalos por despojo en la tierra de
su cautiverio. No cubras su iniquidad, ni su pecado
sea borrado delante de ti, porque se airaron
contra los que edifican" (4:4–5).

Los líderes del corte de Nehemías cuando no saben que y cómo responder a sus opositores, se callan muchas veces la boca ante estos, y la abren para Dios. Nehemías va a Dios con su síntoma de menosprecio. Su oración es fuerte en contenido. Es una oración que invita a Dios a ponerse del lado de los buenos y en contra de los malos.

Notemos el espíritu de pluralidad como ora el líder de Dios: "Oye, oh Dios nuestro, que somos objeto de su menosprecio". La oración modelo del *Padrenuestro* nos enseña ese principio de pluralidad e inclusividad en la oración (cp. Mt. 6:9–13).

Esa expresión "y vuelve el baldón de ellos sobre su cabeza", sencillamente dice: "lo que ellos quieren mal para nosotros que sea de ellos".

La "mala fe" de ellos sería retroactiva. Aquellos que actúan en "mala fe" y "mala voluntad" contra los hijos de Dios, se exponen a recibir para atrás el mal deseado.

En el *Padrenuestro* aprendemos a orar: "más líbranos del mal", o sea, Dios líbranos del maldecir, del mal pensar, del mal actuar, del mal mirar, del mal hacer, del mal hablar, etc. No solo Dios nos librará de hacer "mal" sino que nos librará del "mal" que nos quieran hacer.

Un líder tiene que aprender a orar por protección. Ni el "mal de ojo", ni los "espíritus" contratados por los espiritistas, ni las siete potencias del "Yoruba" de los santeros, ni las muñecas con alfileres del "Vudú"; podrán jamás contra la protección que Dios da a sus hijos. Los "trabajitos del diablo" no sirven cuando mi Cristo mete la mano.

III. El ánimo es clave para tener el éxito que Dios desea

"Edificamos, pues el muro, y toda la muralla fue
terminada hasta la mitad de su altura, porque el
pueblo tuvo ánimo para trabajar" (4:6).

A los profetas del desánimo, del desastre, del desaliento, de la
crítica, del fracaso, el pueblo cerró los oídos y siguió trabajando.
El mundo con sus mensajeros de derrota quiere paralizar el buen
trabajo que la iglesia está realizando. Pero esta sigue caminando
y trabajando porque quiere llegar "hasta la mitad" del proyecto
en el tiempo de Dios.

Eso de llegar "hasta la mitad de su altura" nos indica que el
trabajo se movía bajo un cálculo de tiempo y una disciplina de
trabajo colectiva. La clave de ese éxito se resume así: "porque el
pueblo tuvo ánimo para trabajar". La *Nueva Biblia Española* dice:
"La gente tenía ganas de trabajar".

El motor que mueve muchas empresas seculares y muchos
proyectos para Dios, lo ha sido y lo es la motivación. Las acciones
son impulsadas por las motivaciones. Antes de emprender algo
para Dios o algo secular, preguntémonos: ¿Qué me motiva a hacer
esto? ¿Es mi motivación correcta? ¿Es pura ante Dios? ¿Lo hago
pensando solamente en mí o estoy pensando en el bienestar de
los demás?

Las charlas motivacionales y los sermones de motivación son
importantes para el desarrollo de la autoestima y la superación
humana. Muchas personas nunca han explotado sus recursos
personales, ni han desarrollado sus habilidades, ni han crecido
intelectualmente, porque no han sido debidamente motivados.

A muchos por años se les ha programado emocional e
intelectualmente, para que vivan creyéndole a otros y creyéndose
así mismos que no sirven, que el éxito en la vida no es para ellos.
Que otros han podido triunfar pero que ellos jamás lo podrán.

Es tiempo de levantarnos, y escapar de esa prisión del
conformismo humano y de comenzar a creer en posibilidades
para nuestras vidas. Si otros han podido, ¿por qué no tú y yo?
Usa la "fe" que has madurado en Dios y en su Palabra, para
superarte en muchas áreas de tu vida, esto es, con la fe que Dios
te ha dado que es un recurso que poseen muy pocas personas.

La motivación la puedo ilustrar así: podemos obligar a un
caballo a ir al río, pero no lo podemos obligar a beber agua del
río. Una persona puede ser obligada a hacer algo, pero si no ha

sido motivada difícilmente lo hará de buena voluntad.
Un creyente puede ser presionado a dar para algún proyecto
o ministerio cristiano, pero si su motivación no viene de Dios no
dará con un corazón alegre. Por eso declara la Biblia: "Dios ama
al dador alegre" (2 Co. 9:7). El que diezma debe diezmar con
alegría; el que ofrenda debe ofrendar con alegría y el que
contribuye debe contribuir con alegría.

Conclusión

(1) Ante el fuego de la oposición hay que tener una voluntad
de acero. (2) Los que rechazan lo que estamos haciendo para Dios,
están rechazando a Dios más que a nosotros. (3) La mala voluntad
de nuestros enemigos es como un *"boomerang"* que regresará a
ellos, cuando nosotros oremos por protección espiritual. (4)
Tenemos que aprender a utilizar la motivación para tener el éxito
que Dios desea darnos.

LA RESISTENCIA DE NEHEMÍAS

"Pero aconteció que oyendo Sanbalat y Tobías, y los árabes, los amonitas y los de Asdod, que los muros de Jerusalén eran reparados, porque ya los potrillos comenzaban a ser cerrados, se encolerizaron mucho; y conspiraron todos a una para venir a atacar a Jerusalén y hacerle daño. Entonces oramos a nuestro Dios, y por causa de ellos pusimos guarda contra ellos de día y de noche. Y dijo Judá: Las fuerzas de los acarreadores se han debilitado, y el escombro es mucho, y no podemos edificar el muro. Y nuestros enemigos dijeron: No sepan, ni vean, hasta que entremos en medio de ellos y los matemos, y hagamos cesar la obra. Pero sucedió que cuando venían los judíos que habitaban entre ellos, nos decían hasta diez veces: De todos los lugares de donde volviereis, ellos caerán sobre vosotros. Entonces por las partes bajas del lugar, detrás del muro, y en los sitios abiertos, puse al pueblo por familias, con sus espadas, con sus lanzas y con sus arcos (4:7-13). ...Y cuando oyeron nuestros enemigos que lo habíamos entendido, y que Dios había desbaratado el consejo de ellos, nos volvimos todos al muro, cada uno a su tarea (4:15). ...En el lugar donde oyereis el sonido de la trompeta, reuníos allí con nosotros; nuestro Dios peleará por nosotros (4:20). ...Y ni yo ni mis hermanos, ni mis jóvenes, ni la gente de guardia que me seguía, nos quitamos nuestro vestido; cada uno se desnudaba solamente para bañarse (4:23)" (Nehemías 4:7-23).

Introducción

Ya el muro había sido terminado hasta la mitad
y la razón era el espíritu de ánimo con el cual trabaja
el pueblo (4:6). Cuando el "proyecto Nehemías"
comenzó a avanzar y las puertas comenzaban ya a ser
cerradas (4:7), los enemigos de esta visión, que
incluían a Sanbalat y Tobías y los grupos étnicos de
los árabes, los amonitas y los de Asdod, se unieron
llenos de ira para contrarrestar el progreso
de este proyecto (4:7-8).

Nehemías respondió a esta resistencia: (1) oró a Dios (4:9); (2) veló los planes del enemigo (4:11–12); (3) organizó al pueblo para la defensa (4:3); (4) animó al pueblo para que se acordaran de Dios (4:14); (5) preparó al pueblo para reaccionar con prontitud (4:19); (6) dio al proyecto el tiempo necesario (4:12); (7) se mantuvo dentro del proyecto (4:22); y (8) fue ejemplo como líder (4:23).

I. La continuación de la oposición

"Pero aconteció que oyendo Sanbalat y Tobías, y los
árabes, los amonitas y los de Asdod, que los muros
de Jerusalén eran reparados, porque ya los portillos
comenzaban a ser cerrados, se encolerizaron mucho;
y conspiraron todos a una para venir a atacar a
Jerusalén y hacerle daño" (4:7-8).

Los sentimientos del enemigo (4:7). Ante el progreso y el avance, los opositores de la visión "se encolerizaron mucho". Los críticos nunca se sienten contentos cuando ven que la obra de Dios está prosperando, que las metas se están alcanzando, que el pueblo trabaja animado y unido. Ellos desean lo peor para los visionarios. El progreso de otros les causa envidia, la cual proyectan a través de un sentimiento de malestar y molestia. Los que trabajan para Dios y han emprendido algún proyecto, no deben permitir que lo que otros sienten negativamente les afecte su forma positiva de pensar y de hacer las cosas.

La conspiración del enemigo (4:8). La *Biblia de Jerusalén* dice: "Se confabularon para luchar contra Jerusalén y sembrar en ella la confusión". Al norte estaban los samaritanos, al sur los árabes, al este los amonitas y al oeste los asdoditas. La oposición busca atacar de todos lados para formar alianzas.

Los críticos se unen a otros críticos, aunque entre ellos mismos tengan sus diferencias personales. La razón es que ellos saben que unidos, aunque sea por un tiempo y por unos intereses comunes, les puede ayudar en su plan de conquista provisional. Su arma favorita es la confusión. Ante la misma los visionarios deben mantener la calma y deben estar más unidos que nunca. Conozcamos las tácticas del enemigo y no nos dejemos enredar por esa aparente unidad que manifiestan.

Las palabras del enemigo (4:11). El mensaje del enemigo era: "Que no sepan ni vean nada hasta que hayamos penetrado en medio de ellos y los matemos; así detendremos las obras" (NBE).

El plan del enemigo es meterse dentro de la obra del Señor, algo que lo quiere hacer por sorpresa, para así traer muerte y paralizar la obra. Por esa razón velemos al enemigo, no lo dejemos entrar, y cerrémosle las puertas. Con el enemigo uno no se puede descuidar, ni tampoco permitirle meter un pie adentro. Cuando el ataque no surge directamente desde afuera, puede surgir desde adentro. Vela a tu enemigo, puede que estés descuidando alguna entrada y que ya esté buscando colarse adentro. No lo dejes y si intenta meterse sácalo a tiempo.

II. El efecto de la oposición

"Y dijo Judá: Las fuerzas de los acarreadores se han debilitado, y el escombro es mucho, y no podemos edificar el muro" (4:10). "...pero sucedió que cuando venían los judíos que habitaban entre ellos, nos decían hasta diez veces: De todos los lugares de donde volviereis, ellos caerán sobre vosotros" (4:12).

Les afectó su fortaleza. Leemos que "las fuerzas de los acarreadores se han debilitado". A mitad del "proyecto Nehemías" (4:6), los cargadores de piedras y materiales comenzaron a flaquear en su empeño. Comenzaron con muchos bríos y ganas de trabajar, pero a medida que el proyecto avanzaba, ellos habían perdido el entusiasmo original, todo por causa de la oposición.

Les afectó su percepción. Leemos también que "el escombro es mucho". Cuando se comienza a perder la visión, se comienza a ver los obstáculos y los fracasos. Vemos lo que el diablo nos señala y no lo que Dios nos quiere mostrar. En vez de amedrentarnos por los problemas circunstanciales, visualicemos los resultados finales.

Les afectó su fe. Leemos, además, que "y no podemos edificar el muro". Antes estaban resueltos a edificar el muro, y en efecto lo habían levantado "hasta la mitad de su altura" (4:6). Pero lo que los movía era el "ánimo" (4:6). Cuando se pierde el ánimo la fe se afecta. Con fe podían decir: "y sí podemos edificar el muro". La fe habla siempre afirmativamente a lo que Dios afirma. Nunca le dirá que no a lo que Dios le dice que sí. La falta de fe nos lleva a desconfiar de Dios, de otros y de nosotros mismos.

III. La resistencia a la oposición

"Entonces oramos a nuestro Dios, y por causa de ellos pusimos guarda contra ellos de día y de noche" (4:9).

Hay que esperar en Dios haciendo nuestra parte. "Oramos entonces a nuestro Dios y decidimos montar guardia día y noche para defendernos de ellos" (NVI).

Un adagio hispano dice: "Dios dice: Ayúdate, que yo te ayudaré". Eso es una gran verdad. Muchos esperan algo de Dios, pero mientras tanto, no hacen nada.

Los creyentes del corte de Nehemías oran a Dios para que las cosas ocurran, y cuando estas no ocurren, oran más todavía hasta que ocurran.

Oramos por un trabajo, pero nos levantaremos todos los días para buscar un trabajo. Oramos por más santidad, pero nos consagraremos todos los días para buscar más santidad.

Hay que trabajar y velar en las partes bajas. Leemos a continuación: "Entonces por las partes bajas del lugar, detrás del muro, y en los sitios abiertos, puse al pueblo por familias, con sus espadas, con sus lanzas y con sus arcos" (4:13).

Nehemías le prestó una especial atención a aquellas áreas donde el enemigo podía concentrar sus ataques. Podemos aplicar lo siguiente: (1) el estar en "las partes bajas" nos habla de una baja espiritualidad; (2) el estar "detrás del muro", nos habla de una espiritualidad de paredes; y (3) el estar "en los sitios abiertos", nos habla de una espiritualidad descuidada con el mundo.

Hay que confiar y luchar por la familia. "Después miré, y me levanté y dije a los nobles y a los oficiales, y al resto del pueblo: No temáis delante de ellos; acordaos del Señor, grande y temible, y pelead por vuestros hermanos, por vuestros hijos y por vuestras hijas, por vuestras mujeres y por vuestras casas" (4:14). Nehemías anima a los hombres a pelear por sus familias. El diablo le ha declarado la guerra a la Iglesia, y esta no se puede quedar en la reserva. Es tiempo de que los soldados cristianos "con sus espadas" de la Palabra de Dios, "con sus lanzas" de la oración y "con sus arcos" del ayuno salgan y arremetan contra la infantería espiritual de Satanás.

IV. El fracaso de la oposición

"Y cuando oyeron nuestros enemigos que lo
habíamos entendido, y que Dios había desbaratado
el consejo de ellos, nos volvimos todos al muro,
cada uno a su tarea" (4:15).

Unos trabajan y otros protegen. Leemos que "desde aquel día la mitad de mis siervos trabajaba en la obra, y la otra mitad tenía lanzas, escudos, arcos y corazas; detrás de ellos estaban los jefes de toda la casa de Judá" (4:16).

En la iglesia no todos pueden realizar ministerios, pero mientras unos trabajan, otros pueden proteger la visión y contribuir para el mantenimiento de la misma.

Con una mano se trabaja y con la otra se tiene la espada. Leemos que "los que edificaban en el muro, los que acarreaban, y los que cargaban, con una mano trabajaban en la obra, y en la otra tenían la espada" (4:17). La vida del cristiano tiene que tener balance y equilibrio. La fe y las obras deben andar tomadas de las manos.

Reunidos al sonido de la trompeta. Leemos también que "en el lugar donde oyereis el sonido de la trompeta, reuníos allí con nosotros; nuestro Dios peleará por nosotros" (4:20).

Se nos presenta un punto de reunión. Al sonido de la trompeta todos tenían que reunirse con el propósito de organizarse para la batalla. Solos no podemos pelear. Como creyentes nos necesitamos los unos a los otros.

Los que estamos en el ministerio necesitamos a alguien que toque la trompeta y que nos recuerde que hay ayuda disponible, cuando el enemigo nos quiera emboscar solos.

Muchos han perdido ante el enemigo, porque no han escuchado el sonido de la trompeta. Cuando esta suena significa que hay peligro y que tenemos que reunirnos.

Da tiempo al proyecto. Nehemías dijo: "Nosotros, pues, trabajábamos en la obra; y la mitad de ellos tenían lanzas desde

la subida del alba hasta que salían las estrellas" (4:21).
El trabajo para Dios no tiene tiempo de entrada, ni tiempo de
salida. Es desde la madrugada hasta el anochecer. El tiempo es
de Dios y hay que dárselo cuando Él nos lo pide.
Permanece dentro del proyecto. Nehemías dijo "entonces al
pueblo: Cada uno con su criado permanezca dentro de Jerusalén,
y de noche sirvan de centinela y de día en la obra" (4:22).
No te puedes desertar de la obra del Señor. Muchos entran y
luego salen. Otros vienen y se van. Pero los que están
comprometidos entran y permanecen adentro. No abandones tu
apoyo al proyecto.
Sigue al líder para imitarlo. Leemos acerca de Nehemías que "ni
yo ni mis hermanos, ni mis jóvenes, ni la gente de guardia que
me seguía, nos quitamos nuestro vestido; cada uno se desnudaba
solamente para bañarse" (4:23).
Nehemías no era el líder que decía algo y no hacía; que
mandaba y no iba. El primero que daba ejemplo en *todo* era él. La
vida cristiana más que ser *predicada*, se tiene que *vivir*. Es una
vida de práctica.

Conclusión

(1) Los creyentes deben orar y actuar. (2) Los creyentes deben
mantenerse unidos y apoyarse los unos a los otros.

LA CONFRONTACIÓN DE NEHEMÍAS

"Entonces hubo gran clamor del pueblo y de sus mujeres contra sus hermanos judíos (5:1). ...Y me enojé en gran manera cuando oí su clamor y estas palabras. Entonces lo medité, y reprendí a los nobles y a los oficiales, y les dije: ¿Exigís interés cada uno a vuestros hermanos? Y convoqué contra ellos una gran asamblea (5:7). ...Y dije: No es bueno lo que hacéis. ¿No andaréis en el temor de nuestro Dios, para no ser oprobio de las naciones enemigas nuestras? También yo y mis hermanos y mis criados les hemos prestado dinero y grano; quitémosles ahora este gravamen. Os ruego que les devolváis hoy sus tierras, sus viñas, sus olivares y sus casas, y la centésima parte del dinero, del grano, del vino y del aceite, que demandáis de ellos como interés. Y dijeron: Lo devolveremos, y nada les demandaremos; haremos así como tú dices. Entonces convoqué a los sacerdotes, y les hice jurar que harían conforme a esto. Además sacudí mi vestido, y dije: Así sacuda Dios de su casa y de su trabajo a todo hombre que no cumpliere esto, y así sea sacudido y vacío. Y respondió toda la congregación: ¡Amén! y alabaron a Jehová. Y el pueblo hizo conforme a esto (5:9-13)" (Nehemías 5:1-13).

Introducción

En el capítulo anterior los planes de los enemigos en contra de la reconstrucción de los muros fueron desbaratado (4:15). En este capítulo Nehemías confronta otro problema, ahora no exterior, sino interior, no de afuera, sino de adentro. Un malestar causado por una crisis económica, que posiblemente comenzó con anterioridad a la llegada de Nehemías, tenía al pueblo disgustado. Una gran hambre hizo que muchos pidieran prestado y que otros empeñaran sus propiedades (5:2–3). Por otro lado los impuestos exigidos por el rey Artarjerjes, por conceptos de propiedades, había empujado a muchos a depender de prestamos. El extremo de toda esta situación, es que muchos padres tuvieron que dar sus hijos e hijas en servidumbre para poder pagar las deudas contrariadas (5:5), y lo irónico era que lo hacían a sus propios coterráneos judíos.

En Nehemías los oprimidos encuentran un paladín que estaba dispuesto a defender sus derechos. Era un líder que amaba la justicia social y condenaba la violación de los derechos humanos. Este es un capítulo de reforma económica.

I. La queja del pueblo

"Entonces hubo gran clamor del pueblo y de sus
mujeres contra sus hermanos judíos" (5:1).

La versión *Dios habla hoy* lee el pasaje anterior: "Hubo en aquel tiempo una gran protesta de parte del pueblo y de sus mujeres contra sus compatriotas judíos".

Los trabajadores en la reconstrucción de los muros, de repente detienen *todo* el trabajo. Están en huelga de trabajo. ¡Qué mejor oportunidad que esta para ventilar la opresión de la cual eran objeto! Sabían que ante Nehemías, quien se había ganado la confianza de ellos, podían quejarse de los abusos y de las ventajas que algunos habían tomado en una crisis económica por causa del hambre y de los impuestos reales.

Un líder siempre debe tener puertas abiertas para escuchar las quejas del pueblo. Cuando el pueblo está disgustado o entre ellos mismos tienen rivalidades, difícilmente se podrá tener el consenso para realizar el proyecto acordado.

Ante la oposición de los enemigos parecían estar todos unidos, pero ahora, que la oposición de afuera se ha *detenido*, las antiguas discrepancias salen a flote de nuevo.

Esa queja del pueblo se puede resumir en cuatro oraciones: (1) "...hemos pedido prestado grano para comer y vivir" (5:2). (2) "...Hemos empeñado nuestras tierras, nuestras viñas y nuestras casas, para comprar grano, a causa del hambre" (5:3). (3) "...hemos tomado prestado dinero para el tributo del rey, sobre nuestras tierras y viñas" (5:4). (4) "...y he aquí que nosotros dimos nuestros hijos y nuestras hijas a servidumbre, y algunas de nuestras hijas lo están ya, y no tenemos posibilidad de rescatarlas, porque nuestras tierras y nuestras viñas son de otros" (5:5). Todo esto se puede resumir en una palabra "finanzas" o "dinero". Los alimentos y el dinero son necesidades básicas para los seres humanos. Hay que orar a Dios para que nos dé sabiduría y nos enseñe cómo administrar bien nuestras finanzas. Y toda buena administración comienza cuando se pone a Dios primero y se le da a Dios primero.

II. La reacción de Nehemías

"Y me enojé en gran manera cuando oí su clamor y estas palabras" (5:6).

A los líderes como Nehemías les da también coraje, cuando ven que hay injusticia y explotación. Aquellos que eran "oportunistas" y que usaban a sus hermanos para su propio bienestar, era algo que le caía mal a un líder de la contextura de Nehemías.

Los líderes deben tener sus ojos bien abiertos para detectar aquellos que buscan oportunidades para beneficiarse de otros hermanos o creyentes en necesidad. Hay que abrirle los ojos a los creyentes para que no caigan víctimas de estos inescrupulosos y listos.

¿Qué hizo Nehemías? ¿Discutió con ellos? No. Leemos: "Entonces lo medité, y reprendía los nobles y a los oficiales, y les dije: ¿Exigís interés cada uno a vuestros hermanos? Y convoqué contra ellos una gran asamblea" (5:7).

Veamos esa declaración: "Entonces lo medí". Los líderes como Nehemías, antes de contestar, piensan bien en lo que van a decir y cómo lo van a decir. Hablar a la ligera puede ser dañino a cualquiera que esté en una posición de autoridad. Las palabras de un líder, buenas o malas, bien pensadas o sin pensarlas bien, tienen mucho peso. ¡Cuidado cómo hablamos!

Después de haber meditado leemos de Nehemías: "y reprendí a los nobles y a los oficiales" (v. 7). Era un líder de coraje, pero también de carácter. Cuando tenía que confrontar a personas en posición lo hacía. El pueblo respeta a un líder que corrige a sus subalternos. La confrontación de Nehemías fue una interrogante: "¿Exigís interés cada uno a vuestros hermanos?" Los líderes con preguntas desarman y confrontan a los que están fallando.

Después de su pregunta, leemos en la última parte del versículo: "Y convoqué contra ellos una gran asamblea". Más que una reunión de líderes, Nehemías hace una convocatoria para una asamblea. Aquellos que están en poder tienen que responder a los que le han puesto en poder. Esa "gran asamblea" no era a favor de ellos, sino "contra ellos". En otras palabras fue un plebiscito.

Luego los confrontó al decirles públicamente: "Nosotros, en la medida de nuestras posibilidades, rescatamos a nuestros hermanos judíos vendidos a los paganos. Y ustedes venden a sus hermanos para que luego nos los vendan a nosotros" (5:8, NBE). En otras palabras les estaba diciendo: "Lo que nosotros estamos tratando de arreglar, ustedes lo están desarreglando, para que nosotros volvamos a arreglarlo".

Ante lo expresado por Nehemías, ellos "se quedaron cortados" (5:8, NBE). Charles Swindoll dice: "Esa es la mejor respuesta cuando uno está bajo una profunda convicción" (*Pásame otro ladrillo*, Editorial Betania, 1980, p. 99).

Nehemías, ahora sin rodeos les dice: "No es bueno lo que hacéis" (5:9). Un líder tiene que saber cuándo decirle a otros, qué es lo que han hecho o cuando se hace algo que no está bien. Eso es sinceridad ministerial, es integridad de carácter. Luego los invitó a darle respeto a Dios ante las naciones paganas (5:9). Nuestro mal comportamiento ante aquellos que no conocen o no sirven a Dios, es una falta de respeto ante éste. Cuando respetamos a Dios, todo lo que hacemos tiene como finalidad darlo a conocer y darlo a respetar.

Según el versículo 10, Nehemías también había prestado algo. Dijo: "También yo, mis hermanos y mis sirvientes les hemos prestado dinero y trigo. Olvidemos esa deuda" (NBE).

El reto o el llamado a la acción es: "olvidemos esa deuda". Había que ponerle un paro permanente a aquella situación. Ese precedente había que detenerlo, y eso era ya. Lo que está mal, se corrige al no hacerlo más.

En el versículo 11 Nehemías hace un llamado a restitución: "Devuélvanles, hoy mismo sus campos, visas, olivares y casas, perdónenles el dinero, el trigo, el vino y el aceite que les han prestado" (NBE).

Hasta donde sea posible, se debe hacer restitución. Si alguien robó, debe procurar devolver lo robado. Si se le debe dinero a alguien, se le debe pagar. Es mejor tarde que nunca.

III. La actitud de los prestamistas

"Y dijeron: Lo devolveremos, y nada les demandaremos; haremos así como tú dices. Entonces convoqué a los sacerdotes, y les hice jurar que harían conforme a esto" (5:12).

Ya antes Esdras había tomado una juramentación de los sacerdotes y de los levitas (Esd. 10:5). Lo mismo hizo Nehemías. Él quiso estar seguro que lo que habían prometido lo habían hecho para Dios y no solo para él.

Los creyentes tienen que aprender a comprometerse con Dios. Cuando a Dios se le da una palabra se debe cumplir. Es muy peligroso jugar con el carácter de Dios.

Con una acción Nehemías demuestra la seriedad de ese compromiso con Dios: "Además sacudí mi vestido, y dije: Así sacuda Dios de su casa y de su trabajo a todo hombre que no cumpliere esto, y así sea sacudido y vació. Y respondió toda la congregación: ¡Amén! y alabaron a Jehová. Y el pueblo hizo conforme a esto" (5: 13).

"No basta con palabras", parecía decir Nehemías, "es hora de demostrarlo. No digan que sí, háganlo ahora". Muchos creyentes sienten hacer algo para Dios, pero no lo hacen. Otros dicen que van a hacer algo, pero tampoco lo hacen. Los negocios con Dios son serios y se le tiene que cumplir.

Con ese "amén" la congregación le dijo que "sí" a Dios. El "amén" es una palabra "aramea", que pasó al hebreo, al griego y al castellano sin cambio. Significa: "así sea" o "verdaderamente". Se emplea como respuesta afirmativa a Dios o como afirmación a lo que Dios ha dicho.

El "amén" compromete a un creyente con Dios. Es la palabra que este le da a Aquel. Por eso es importante aprender a como decir "amén". Esta palabra no se puede usar como "muletilla religiosa".

Conclusión

(1) Ante el líder el pueblo debe quejarse cuando algo no marcha correctamente. (2) Los líderes deben velar a aquellos que buscan

su propio provecho en las posiciones que están. (3) Los líderes no serán precipitados en hablar, pensarán bien cómo y qué dirán. (4) Los líderes reconocerán que las iglesias son autónomas y soberanas y que en las mismas de manera espiritual, muchos asuntos que afectan la congregación pueden ser discutidos. (5) Los líderes nunca deben temer de confrontar a los que obran mal. (6) Los líderes tienen que enseñar que la restitución, hasta donde sea posible, es necesaria y es señal de un arrepentimiento genuino. (7) Los líderes le enseñarán a la congregación que el compromiso no es con ellos, sino con Dios.

LA INTEGRIDAD DE NEHEMÍAS

"También desde el día que me mandó el rey que fuese gobernador de ellos en la tierra de Judá, desde el año veinte del rey Artajerjes hasta el año treinta y dos, doce años, ni yo ni mis hermanos comimos el pan del gobernador. Pero los primeros gobernadores que fueron antes de mí abrumaron al pueblo, y tomaron de ellos por el pan y por el vino más de cuarenta siclos de plata, y aun sus criados se enseñoreaban del pueblo; pero yo no hice así, a causa del temor de Dios. También en la obra de este muro restauré mi parte, y no compramos heredad; y todos mis criados juntos estaban allí en la obra. Además, ciento cincuenta judíos y oficiales, y los que venían de las naciones que había alrededor de nosotros, estaban a mi mesa. Y lo que se preparaba para cada día era un buey y seis ovejas escogidas; también eran preparadas para mí aves, y cada diez días vino en toda abundancia; y con todo esto nunca requerí el pan del gobernador, porque la servidumbre de este pueblo era grave. Acuérdate de mí para bien, Dios mío, y de todo lo que hice por este pueblo" (Nehemías 5:14-19).

Introducción

El relato de estos versículos es más bien de carácter testimonial. Aquí Nehemías testifica de su primer período de doce años como gobernador de la provincia de Judá, bajo la comisión del rey Artarjerjes (5:14). Desde que dejó de servir como copero al rey (2:1) hasta ahora ya habían pasado veinte largos años.

Nehemías fue a Jerusalén con una misión de reconstruir los muros, y lo que parecía ser un tiempo corto y unas vacaciones dadas a él por el rey (2:6), le dio la oportunidad de ser promovido a gobernador.

El título o el puesto no dañó a Nehemías. La posición no se le fue a la cabeza. Los puestos altos a veces marean a algunas personas. Las promociones también arruinan a muchos líderes, que al subir se han olvidado de donde estaban y quienes eran.

I. Nehemías era un líder privilegiado

"También desde el día que me mandó el rey que fuese gobernador de ellos en la tierra de Judá, desde el año veinte del rey Artajerjes hasta el año treinta y dos, doce años, ni yo ni mis hermanos comimos el pan del gobernador" (5:14).

Las posiciones conllevan privilegios que pueden ser abusados por los líderes promovidos. Notemos esa declaración: "ni yo ni mis hermanos comimos a expensas del cargo" (NBE). En la versión *Dios habla hoy* se dice: "ni yo ni mis colaboradores hicimos uso de la pensión que me correspondía como gobernador".

Nehemías tenía un crédito para gastos personales y para sus allegados, sin embargo nunca abusó de los privilegios conferidos. Las organizaciones y corporaciones otorgan derechos y privilegios a sus juntas de directores y oficiales. Un líder debe cuidarse mucho y cuidar a los que están cerca de él o ella, y de no abusar egoístamente lucrándose de esas ventajas y oportunidades.

Fácilmente el mucho ingreso puede abrir el apetito a algunos que a expensas de los fondos comienzan a incurrir en gastos excesivos, viajes costosos, hoteles muy caros y a vivir una vida de derroche con el dinero.

Nehemías aprendió a controlarse y enseñó a sus asociados a controlarse. A "expensas del cargo" no se podían dar la mejor vida.

II. Nehemías era un líder íntegro

"Pero los primeros gobernadores que fueron antes de mí abrumaron al pueblo, y tomaron de ellos por el pan y por el vino más de cuarenta siclos de plata, y

aun sus criados se enseñoreaban del pueblo; pero yo
no hice así, a causa del temor de Dios" (5:15).

La versión *Dios habla hoy* dice: "En cambio, los gobernadores
que estuvieron antes que yo, fueron una carga para el pueblo,
pues diariamente cobraban cuarenta monedas de plata para
comida y vino. Además, sus empleados oprimían al pueblo. Pero
yo no lo hice así, por respeto a Dios". Las administraciones
anteriores a la de Nehemías, utilizaron su influencia y poder para
sacarle las finanzas al pueblo.

Además, los subalternos próximos a estos también se
aprovechaban del pueblo. Un líder corrupto corrompe a obreros
bajo su dirección. Cuando la cabeza falla el cuerpo se descontrola.

La tentación le llegará a los líderes de querer justificar el fin
con los medios. Un líder nunca debe caer en la tentación de torcer
las reglas, por el hecho de que otros antes que él o ella, lo hayan
hecho, y aunque estaban mal, el pueblo los había aceptado.

Los precedentes nunca deben ser tomados como reglas de una
conducta errada. Alguien tiene que poner un freno. Nehemías
era ese alguien. Él declaró: "Pero yo no lo hice así, por respetó a
Dios" (DHH).

La motivación de Nehemías era muy pura, muy espiritual, muy
ética y muy íntegra. Lo que le impedía a él corromperse y dañarse
como líder era su "respeto a Dios". El que verdaderamente respeta
a Dios, respeta su posición, se respeta a sí mismo y respeta a los
demás.

III. Nehemías era un líder ejemplar

"También en la obra de este muro restauré mi parte, y
no compramos heredad; y todos mis criados juntos
estaban allí en la obra" (5:16).

La versión *Dios habla hoy* lee: "Por otra parte, cumplí con mi
tarea de reconstruir la muralla de la ciudad, y no adquirí terrenos.
En cuanto a mis empleados, todos ellos tomaron parte en el
trabajo".

Nehemías no dejó que ninguna tentación material, como la de
hacer inversiones en terrenos, que a la postre le pudieran producir
buenos ingresos y dividendos, lo desviara de su meta que era la
tarea de reconstruir el muro. A eso lo había llamado Dios y por
eso le tenía que responder a Dios.

Ese espíritu de trabajo lo impartió a sus subalternos, ya que leemos: "todos mis sirvientes se pasaban el día en la obra" (NBE). Los subalternos imitarán lo bueno o lo malo que haga el líder. En el caso de Nehemías imitaron lo bueno.

IV. Nehemías era un líder protocolar

"Además, ciento cincuenta judíos y oficiales, y los que venían de las naciones que había alrededor de nosotros, estaban a mi mesa [...]; y con todo nunca requería el pan del gobernador, porque la servidumbre de este pueblo era grave" (5:17-18).

Nehemías era un líder de reuniones, que creía mucho en las relaciones públicas y que a sus invitados les daba un trato muy protocolar. El líder tiene que aprender a recibir y a tratar con protocolo a las visitas. Como dijo alguien: "Es agradable ser importante, pero es más importante ser agradable".

El buen trato de un líder a otros líderes y no líderes, grita más que la posición y los títulos. Esa conducta de relaciones y de diplomacia le da brillo al líder.

Nehemías tampoco se olvidó de que el pueblo al cual servía, tenía sus necesidades. Por lo tanto, se mantuvo al margen de no ponerle más cargas financieras. Una vez más ratifica su posición: "nunca reclamé la pensión que me correspondía como gobernador" (DHH).

V. Nehemías era un líder espiritual

"Acuérdate de mí para bien, Dios mío, y de todo lo que hice por este pueblo" (5:19).

La vida de oración de Nehemías no fue afectada por las presiones del trabajo, ni por el tiempo que la administración le exigía. Era el gobernador que oraba. La oración es importante en la vida y el desempeño de las funciones de un ministro o líder. Sin oración el ministerio o liderazgo se expone a muchos peligros.

En su oración Nehemías nos enseña que cuando hagamos algo lo hagamos para Dios. Aunque no veamos recompensas humanas, ni tengamos resultados inmediatos, de Dios recibiremos mucho bien. Entre más altos estemos, más nos tenemos que agarrar de la mano de Dios para no caernos. Las alturas sin Dios hacen deslizar a cualquiera.

Hagamos todo lo que podamos por los demás, parece ser el consejo de Nehemías. El líder no piensa mucho en lo que otros hagan por él o ella, sino en lo que a él o ella le corresponde hacer por otros.

Conclusión

(1) No explotemos los privilegios que nos dan las posiciones. (2) No tomemos el mal ejemplo de otros líderes que nos han antecedido. (3) No dejemos que los negocios nos alejen de la meta del ministerio. (4) No seamos líderes sin protocolo ministerial. (5) No ahoguemos la vida de oración y trabajemos para el Señor.

LA INTIMIDACIÓN DE NEHEMÍAS

"Cuando oyeron Sanbalat y Tobías y Gesem el árabe, y los demás de nuestros enemigos, que yo había edificado el muro, y que no quedaba en el portillo (aunque hasta aquel tiempo no había puesto las hojas en las puertas), Sanbalat y Gesem enviaron a decirme: Ven y reunamos en alguna de las aldeas en el campo de Ono. Mas ellos habían pensado hacerme mal. Y les envié mensajeros, diciendo: Yo hago una gran obra y no puedo ir; porque cesaría la obra, dejándola yo para ir a vosotros (6:1-3). ...Entonces Sanbalat envió a mí su criado para decir lo mismo por quinta vez, con una carta abierta en su mano (6:5) ...Entonces envié yo a decirle: No hay tal cosa como dices, sino que de tu corazón tú lo inventas (6:8). ...Vine luego a casa de Semaías hijo de Delaía, hijo de Mehetabel, porque él estaba encerrado; el cual me dijo: Reunámonos en la casa de Dios, dentro del templo, y cerremos las puertas del templo, porque vienen para matarte; sí, esta noche vendrán a matarte. Entonces dije: ¿Un hombre como yo ha de huir? ¿Y quién, que fuera como yo, entraría al templo para salvarse la vida? No entraré. Y entendí que Dios no lo había enviado, sino que hablaba aquella profecía contra mí porque Tobías y Sanbalat lo habían sobornado. Porque fue sobornado para hacerme temer así, y que pecase, les sirviera de mal nombre con que fuera yo infamado. Acuérdate, Dios mío, de

Tobías y de Sanbalat, conforme a estas cosas que
hicieron; también acuérdate de Noadías profetisa, y
de los otros profetas que procuraban infundirme
miedo (6:10-14)" (Nehemías 6:1-14).

Introducción

Por fin el "proyecto Nehemías" se había terminado; solo
quedan las terminaciones. Él como líder recibe el crédito por su
coraje y persistencia en realizar lo que se había propuesto. Por
un tiempo los enemigos de afuera se habían tranquilizado, ahora
que todo estaba llegando a su final, éstos vuelven a meter sus
narices.

Sanbalat y sus asociados Tobías y Gesem invitan a Nehemías
a una sesión privada de negocios, y éste rechaza la invitación. Le
enviaron mensajeros pero Nehemías siempre respondió: "No
puedo ir". Finalmente, lo tratan de intimidar con una carta, y al
esto fallar recurren al servicio de profetas falsos para negarlo.
Pero de todas estas trampas Nehemías se elude. Su olfato
espiritual le permitía oler a la distancia la presencia de sus
enemigos.

I. A Nehemías lo tratan de intimidar con una carta

"Entonces Sanbalat envió a mí su criado para decir
lo mismo por quinta vez, con una carta abierta
en su mano" (6:5).

La noticia estaba corriendo de boca en boca que Nehemías
"había edificado el muro" (6:1), aunque las puertas todavía fal-
taban ser colocadas (6:1). Los enemigos de Nehemías se levantan
de sus asientos (en mi imaginación) y parecerían declarar: "Ya es
bueno estar quietos, pero este Nehemías no se detiene y parece
que la inauguración del muro pronto tendrá una fecha. Tenemos
que convocarlo a una reunión de emergencia y hablar con él. Esto
del muro ha ido más lejos de lo que nos pensábamos".

La convocatoria era a unos 40 kilómetros al noroeste de la capital de Jerusalén. Al lugar se le conocía como el "campo de Ono"
(6:2). El plan era de hacer las paces, de apaciguar la situación, de
corregir los malentendido de liderazgo y de aparentemente
trabajar juntos. Eso es lo que cualquiera podía creerse.

Pero en el corazón de Sanbalat, Tobías y Gesem había otros

planes. Tenían una agenda secreta y en las mangas llevaban las barajas escondidas.

Nehemías era el líder que no se dejaba manipular por sus enemigos, ni bajaba la guardia aunque le sacaran bandera blanca. Algo en lo profundo del corazón le decía que en todo esto había gato encerrado. De alguna manera o por vía divina o por vía humana, Nehemías se entera de las malas intenciones. El versículo 6:2 dice: "Mas ellos habían pensado hacerme mal". La respuesta de Nehemías fue sin rodeos: "Tengo muchísimo trabajo y no puedo bajar. No voy a dejar la obra parada para bajar a verlos". (6:3, NBE).

Un líder como Nehemías no le permite a nadie, que le tome su tiempo para malgastarlo en cosas que son triviales y sin importancia. Si se iba a la reunión en el "campo de Ono", el trabajo que tenía en Jerusalén se le atrasaría. Hay que tener mucho cuidado con aquellas personas que les gusta atrasar el trabajo a otros. ¿Cómo se resuelve eso? Aprender a decirle que no, que no hay tiempo. Y tampoco se le pueden hacer promesas para después. Nehemías contestó tajantemente: "No puedo ir".

Pero Sanbalat, Tobías y Gesem no tomaban un "no" por respuesta. Y por cuatro veces enviaron el mismo mensaje a Nehemías. Con la insistencia trataban de doblegarlo y de comprometerlo. El propósito era que él dijera: "Para que no me molesten más, me voy a reunir con ellos. Así me los quitaré de encima". Pero Nehemías no era un nudo de fácil soltura, su respuesta era siempre la misma: "No puedo ir".

Al ver que Nehemías no cede a la buena, Sanbalat le envía ahora a a su criado para repetir la misma invitación a reunirse, pero con una diferencia, éste llega con una carta abierta (6:5).

La carta leía así: "Se ha oído entre las naciones, y Gasmu lo dice, de que tú y los judíos pensáis rebelaros; y que por eso edificas tú el muro, con la mira, según estas palabras, de ser tú su rey; y que ya has puesto profetas acerca de ti en , diciendo: ¡Hay rey en Judá! Y ahora serán oídas del rey Artarjerjes las tales palabras: ven, por lo tanto, y conversaremos juntos" (6:6–7).

Ahora estaban jugando con las emociones del líder, diciendo que otros decían, cuando en realidad eran ellos los que lo decían. Si Nehemías hubiera tenido esqueletos escondidos en su armario, se hubiera asustado, accediendo a la petición de sus enemigos. Pero en su corazón él sabrá que la posición de ser rey, era una que no le interesaba. Él era fiel a su autoridad en Persia, el cual le había gratificado nombrándolo gobernador. A él no le interesaba el poder, sencillamente era un administrador del poder que se le había delegado.

Los rumores son peligrosos. Siempre comienzan con: "Hemos oído..." o "se está diciendo que tú". Los rumores deben ser trazados a la fuente de su origen y siempre descubriremos que vienen de personas inescrupulosas, carnales, sin motivaciones correctas, que cuando no pueden ganar limpio, quieren ganar sucio. Estos son los que les echan arena en los ojos a sus oponentes cuando se le tienen que enfrentar.

Nehemías no se queda dado y devuelve otro golpe: "No hay tal cosa como dices, sino que de tu corazón tú lo inventas" (6:8). O sea: "mira, Sanbalat, te conozco muy bien. Las palabras que tú pones en boca de otro, son de tu fabricación. Te conozco bacalao, aunque vengas disfrazado".

II. A Nehemías lo tratan de intimidar con palabras negativas

"Porque todos ellos nos amedrentaban, diciendo:
Se debilitarán las manos de ellos en la obra,
y no será terminada. Ahora, pues, oh Dios,
fortalece tú mis manos" (6:9).

Detrás de todo ese teatro artístico de Sanbalat, Tobías y Gesem, lo que había era un procedimiento para amedrentar a Nehemías, y a sus colaboradores. Nehemías se recordaba cuando ellos decían: "Se debilitarán las manos de ellos en la obra, y no será terminada".

Los pensadores negativos les predicaban fracaso, frustración, derrotas y solo enfatizaban debilidad. Nehemías no se dejó enfermar por ese veneno psicológico. Él cerró su mente contra todo eso, que no le edificaba, ni le motivaba. Nehemías determinaba su plan de acción y no otros con una mentalidad estrecha y cerrada.

El secreto de Nehemías era siempre el mismo: la oración. Esta lo afirmaba y lo ayudaba a autorrealizarse. Su oración era: "Ahora, pues, oh Dios, fortalece tú mis manos". Dios y Nehemías eran mayoría.

III. Nehemías lo tratan de intimidar con

"Y entendí que Dios no lo había enviado, sino que

hablaba aquella profecía contra mí porque Tobías y Sanbalat lo habían sobornado" (6:12).

Una noche Nehemías visita la casa de Semaías, hijo de Delaía y nieto de Mehetabel. Su padre era un sacerdote amigo de Nehemías (6:10). Se nos dice del joven Semaías: "Porque él estaba encerrado" (6:10). Según Adam Clarke, en el sentido que este toma este pasaje: "Viva retirado, en la soledad, pretendiendo buscar la santidad y un trato íntimo con Dios" (Comentario de la Santa Biblia, tomo I, Casa Nazarena de Publicaciones, 1974, p. 524).

El mensaje que le dio Semaías fue: "Reunámonos en la casa de Dios, dentro del templo, y cerremos las puertas del templo, porque vienen para matarte; sí, esta noche vendrán a matarte" (6:10).

Un comentarista ha dicho: "El joven pretendía estar dotado del don de la profecía" (Comentario exegético y explicativo de la Biblia, tomo I, por Jamieson, Fausset y Brown. Casa Bautista de Publicaciones, 1967, p. 373).

Hay que discernir y evaluar a aquellos que pretenden operar en el don de profecía. Tanto el profeta como la profecía deben ser juzgados, es decir evaluados por los creyentes (1 Co. 14; cp. 4:33). Según la Biblia Plenitud en su comentario a 1 Corintios 14:29, leemos: "El juicio abarca el examen de su contenido, su correspondencia con la Palabra de Dios, y su relevancia para los allí reunidos" (Editorial Caribe, 1994).

Semaías estaba jugando con Nehemías al espiritual, al profeta preocupado por otro, al que invita a otros a encerrarse a orar con él o con ella. El mensaje sonaba espiritual, pero no venía por el Espíritu; era producto de la carne. La carne también profetiza y le gusta traer mensajes de acomodo, de cuídate, de escóndete.

¿Qué hizo Nehemías? A Sanbalat lo confrontó sin darle muchas vueltas, pero ahora está tratando con un diplomado de profecía, con uno de esos llamados expertos que reclaman hablar de parte de Dios. Su respuesta fue: "Los hombres como yo, no huyen ni se meten en el templo para salvar el pellejo. Yo, al menos, no me meteré" (6:11, DHH).

Inmediatamente él detectó que aquella profecía no era de Dios. En su espíritu había tenido una revelación de que Tobías y Sanbalat tenían algo que ver con esto. Leemos: "Y entendí que Dios no lo había enviado, sino que hablaba aquella profecía contra mí porque Tobías y Sanbalat lo habían sobornado" (6:12).

El supuesto profeta espiritual se había prestado para entrampar al siervo de Dios, ayudando a los carnales contra el siervo de

Dios. Pero Nehemías era un líder de pantalón largo, que a lo hecho le da el pecho. No da un paso para atrás. Prefería morir, antes que rendirse al diablo. El versículo 13 lee así: "Porque fue sobornado para hacerme temer así, y que pecase, les sirviera de mal nombre con que fuera yo infamado".

Nehemías gozaba de buen prestigio, de buena reputación, de aceptación popular, tenía un testimonio que alumbraba dondequiera, y ese buen nombre era el que sus enemigos querían desprestigiar y arruinar. Cuando a una persona no se le puede dañar porque se cuida, sus enemigos tratarán de dañarle su imagen pública.

Hermano, que estás en una alta posición, mantén tu buen nombre. No dejes que nadie te lo dañe, te lo empañe, te lo ensucie o te lo manche. Guarda tu integridad y mantén tu reputación. Cuídate con quien te asocias. Ten cuidado de lo que declaras a otro. Muchos que hoy son tus amigos mañana pueden ser tus enemigos.

En el versículo 14, Nehemías vuelve a orar: "Acuérdate, Dios mío, de Tobías y de Sanbalat, conforme a estas cosas que hicieron; también acuérdate de Noadías profetisa, y de los otros profetas que procuraban infundirme miedo".

Los líderes como Nehemías siempre son buscados por los profetas. Muchos quieren brillar con sus profecías trayéndoselas a estos. Un concilio de profetas se dio a la caza de Nehemías.

Me llama la atención cuando Nehemías dice: "También acuérdate de Noadías profetisa". Esta mujer también se pasaba llevándole mensajes a Nehemías. Dios usa a las mujeres, pero cuando éstas se descuidan las usa el diablo. En Apocalipsis 2:20 leemos: "Pero tengo unas pocas cosas contra ti: que toleras que esa mujer Jezabel, que se dice profetisa, enseñe y seduzca a mis siervos a fornicar y a comer cosas sacrificadas a los ídolos".

En la iglesia de Tiatira había una mujer profetisa, a la cual el vidente de Patmos le pone como sobrenombre "Jezabel". En esa congregación del siglo primero, esta profetisa tenía su control espiritual. En las reuniones se tomaba su turno para profetizar. Y allí tenía su gente, los que la defendían y testificaban que lo que ella decía era de Dios.

El "espíritu de Jezabel" como deseo llamarlo, es aquel que se manifiesta en aquellas mujeres que pretenden ser profetisas de parte de Dios, y lo que hacen es patrocinar un culto alrededor de sus personas.

Nehemías nos da una clave para discernir a los falsos profetas.

Él dice: "Y de los otros profetas que procuraban infundirme miedo" (6:14). Los falsos profetas, y hay sus excepciones, siempre traen profecías aterradoras, de juicio, de condenación, de culpabilidad, salpicadas de maldiciones; donde presentan siempre a un Dios que está enojado, que nada le agrada de los creyentes y que está muy disgustado con las congregaciones.

Conclusión

(1) Cuando el enemigo nos invita a reunirnos, tomemos mucha precaución porque detrás de la misma puede haber un plan para arruinar nuestra reputación espiritual. (2) Los líderes autorrealizados no dejan que el veneno verbal de los negativos, los paralicen en su misión. (3) El líder debe cuidarse a donde va por consejo espiritual y no impresionarse por el nombre del profeta, o por los hombres que se asocian con este.

LA TRAICIÓN A NEHEMÍAS

11

"Fue terminado, pues, el muro, el veinticinco del mes de Elul, en cincuenta y dos días. Y cuando lo oyeron todos nuestros enemigos, temieron todas las naciones que estaban alrededor de nosotros, y se sintieron humillados, y conocieron que por nuestro Dios había sido hecha esta obra. Asimismo en aquellos días iban muchas cartas de los principales de Judá a Tobías, y las de Tobías venían a ellos. Porque muchos en Judá se habían conjurado con él, porque era yerno de Secanías hijo de Ara; y Johanan su hijo había tomado por mujer a la hija de Mesulam hijo de Berequías. También contaban delante de mí las buenas obras de él, y a él le referían mis palabras. Y enviaba Tobías cartas para atemorizarme" (Nehemías 6:15-19).

Introducción

El hombre del proyecto, el de la visión, el que no se rindió a pesar de la oposición o los inconvenientes, Nehemías, ahora puede sentarse para descansar. El muro se terminó en un tiempo relámpago de cincuenta y dos días. Al bajar la tormenta, Nehemías puede ver lo que estaba escondido. Destaca que Tobías y su hijo Johanan mantenían relaciones matrimoniales con judíos que vivían dentro de Jerusalén, y por cierto bien reconocidos.

I. Nehemías termina el proyecto del muro

"Fue terminado, pues, el muro, el veinticinco del mes de Elul, en cincuenta y dos días" (6:15).

El mes de *Elul* se refiere a los meses de agosto a septiembre, o como traduce la *Nueva Biblia Española* "septiembre". La paciencia y la persistencia llevaron al mes del éxito y al año de la victoria. ¡No te rindas!

El líder que persiste, que no se rinde, que sabe lo que quiere y cómo lo quiere, vencerá los obstáculos hasta ver su meta alcanzada. Nunca llegaremos a una meta si no nos movemos en dirección de la misma.

Nehemías era de los líderes que comenzaba algo, y no lo dejaba hasta terminarlo. No solo fue un "sembrador" de la visión, fue también un "segador" de la misma. Era un líder de largo metraje y no corto metraje.

Ese logro impactó a los vecinos, buenos y malos, que desde el balcón de ellos observaban todo: "Cuando se enteraron nuestros enemigos y lo vieron los pueblos circundantes se llenaron de admiración y reconocieron que era nuestro Dios el autor de esta obra" (NBE).

Los opositores, los que se burlaban, los que profetizaban fracaso, tenían ahora que bajar sus cabezas avergonzados. Bien dice el adagio: "El último que ríe, ríe mejor". Esa meta alcanzada glorificó a Dios. Notemos que aunque Nehemías fue el instrumento, el crédito final se le da al que dirigía a Nehemías: "era nuestro Dios el autor de esta obra" (v. 16, NBE).

II. Nehemías descubre el acto de espionaje

"Asimismo en aquellos días iban muchas cartas de los principales de Judá a Tobías, y las de Tobías venían a ellos. Porque muchos en Judá se habían conjurado con él, porque era yerno de Secanías hijo de Ara; y Johanan su hijo había tomado por mujer a la hija de Mesulam hijo de Berequías" (6:17-18).

Tobías tenía sus contactos dentro de Jerusalén. Todo lo que pasaba allá adentro, a él se lo comunicaban. Estaba muy enterado de cualquier paso que iba a dar o daba Nehemías.

La razón era que tenía por suegro a Secanías, y el padre de este último llamado Ara, parece que era una persona de influencia social. Por el otro lado, su hijo Johanan, también tenía por suegro a Mesulam, otro ilustre de Jerusalén, cuyo padre era también muy reconocido.

Mediante cartas Tobías era informado y por medio de cartas

solicitaba información. Detrás de los muros tenía su pueblo que le había ofrecido su lealtad. Y esa es una gran realidad, siempre los líderes se encontrarán con los *Secanías*, los *Ara*, los *Mesulam* y los *Berequias*, que estarán espiando para el enemigo; y a la vez se estarán beneficiando del trabajo del líder.

Esos "carteros del enemigo" son peligrosos para los lideres, por delante presentan una cara y por detrás tienen otra. Dicen que están con el líder, pero tan pronto este les da la espalda, ayudan de manera indirecta al enemigo. Con amigos como estos, no se necesitan enemigos.

III. Nehemías señala a los que llevaban y traían

"También contaban delante de mí las buenas obras de él, y a él le referían mis palabras. Y enviaba Tobías cartas para atemorizarme" (6:19).

La versión *Dios habla hoy* traduce de manera clara: "De modo que lo elogiaban en mi presencia y le contaban lo que yo decía. Tobías, por su parte, me enviaba cartas para asustarme". Con aparente disimulo aprovechaban cualquier oportunidad que podían, para hacer referencias sobre Tobías en presencia de Nehemías.

- No te has dado cuenta que Tobías es un hombre muy inteligente.
- Eso lo sabemos todo, cuando Tobías se propone hacer algo siempre lo logra.
- Eso no es todo, pienso que tiene más carisma que Nehemías. A este solo le interesa hablar bien del rey Artarjerjes.
- Nehemías le tiene celos y por eso lo está tratando de marginar. Dicho sea de paso Tobías tiene un suegro que todo el mundo lo quiere.
- Y qué me dices de su hijo Johanan, el suegro de este es respetado por muchos.
- Cállate, que ahí se ha parado Nehemías.

Luego leemos: "y a él le referían mis palabras". Estos llevaban y traían. En las congregaciones hay creyentes que les encanta decir lo que dicen de uno y decir lo que uno dice de otro. Les gusta jugar en dos equipos, con dos uniformes y con dos insignias. ¡Cuidado! Con ellos se puede perder el juego.

Tobías aprovechaba el intercambio de correspondencia para enviar cartas tratándole de meter miedo a Nehemías. Pero líderes como Nehemías saben manejar las palabras del enemigo. Y se mantienen siempre en control de la situación.

Conclusión

(1) No es comenzar bien, sino terminar bien. No dejes nada a mitad, esto no trae gloria a Dios. (2) No pienses que todos los que están contigo y trabajan contigo, te son fieles, entre estos hay algunos que están en "parentesco" carnal con los enemigos. (3) Cuídate de cómo hablas y lo que hablas, algunos cerca de ti les gusta llevar y traer problemas; eso no te conviene en tu ministerio.

LAS INSTRUCCIONES DE NEHEMÍAS

"Luego que el muro fue edificado, y colocadas las puertas, y fueron señalados porteros y cantores y levitas, mandé a mi hermano Hanani y a Hananías, jefe de la fortaleza de Jerusalén (porque éste era varón de verdad y temeroso de Dios, más que muchos); y les dije: No se abran las puertas de Jerusalén hasta que caliente el sol; y aunque haya gente allí, cerrad las puertas y atrancadlas. Y señalé guardas de los moradores de Jerusalén, cada cual en su turno, y cada uno delante de su casa. Porque la ciudad era espaciosa y grande, pero poco pueblo dentro de ella, y no había casas reedificadas. Entonces puso Dios en mi corazón que reuniese a los nobles y oficiales y al pueblo, para que fuesen empadronados según sus genealogías. Y hallé el libro de la genealogía de los que habían subido antes, y encontré en el escrito así: (7:1-5). ...Y habitaron los sacerdotes, los levitas, los porteros, los cantores, los del pueblo, los sirvientes del templo y todo Israel, en sus ciudades" (Nehemías 7:1-73).

Introducción

Nehemías era un líder que creía en la organización. Un pueblo organizado trabaja mejor para Dios. Aunque el trabajo del muro y de las puertas se había terminado, ahora se necesitan personas para cuidar y proteger las mismas. Por disposición de Nehemías se nombraron "porteros y cantores y levitas" (7:1); además de "guardas" (7:3).

En este capítulo descubro la importancia de tener servidores en el templo de Dios: hombres y mujeres que sean llamados a servir en el lugar que se les ponga, y que no se sientan rebajados, ni usados por la posición de servidores que les toque desempeñar. Los versículos 6 al 73 de Nehemías 7 presentan la misma lista de Esdras 2:1–70, con diferentes variantes. Por ejemplo, en la lista de Nehemías 7:7 se añade el nombre Nehemías, el cual está omitido en Esdras 2:2.

Adam Clarke explica la diferencia entre ambas listas: "Aunque la suma total al final de cada una de estas enumeraciones es igual, a saber 42.360, Esdras menciona en detalle solamente 29.818 y Nehemías 31.089. Encontramos que Nehemías menciona 1.765 personas que no están en Esdras, y Esdras tiene 494 no mencionadas por Nehemías […] si agregamos el excedente de Esdras a la suma de Nehemías y el excedente el Nehemías a la suma de Esdras, se igualan las cantidades" (*Comentario de la Santa Biblia*, tomo I, Casa Nazarena de Publicaciones, p. 510, 1974).

Otro ejemplo de estas diferencias está en Esdras 2:5 donde leemos: "Los hijos de Ara, setecientos setenta y cinco". En Nehemías 7:70 se lee: "Los hijos de Ara, seiscientos cincuenta y dos".

Otra variante sería esta: En Esdras 2:69 leemos: "Según sus fuerzas dieron al tesorero de la obra sesenta y un mil dracmas de oro, cinco mil libras de plata, y cien túnicas sacerdotales". Por su parte su pasaje paralelo en Nehemías 7:10 lee así: "Las cabezas de familias dieron para el tesoro de la obra veinte mil dracmas de oro, cincuenta tazones, y quinientas treinta vestiduras sacerdotales". La diferencia entre ambos pasajes en cuanto a cantidades es muy notable.

I. Nehemías delega

"Luego que el muro fue edificado, y colocadas
las puertas, y fueron señalados porteros y cantores
y levitas, mandé a mi hermano Hanani,
y a Hananías, jefe de la fortaleza de Jerusalén
(porque éste era varón de verdad y temeroso
de Dios, más que muchos)" (7:1-2).

Los líderes como Nehemías practican el principio de que las tareas no se pueden realizar al depender únicamente del líder. Estas tienen que ser delegadas y distribuidas entre un personal adiestrado.

A medida que las empresas o los ministerios crecen, el líder tiene que distribuir las responsabilidades sobre otros. Por esa razón los organigramas de una organización no pueden constituirse en "vacas sagradas". De tiempo en tiempo la pirámide de autoridad delegada se tiene que ir ampliando.

Leemos: "y fueron señalados porteros y cantores y levitas". La *Nueva Biblia Española* dice: "se asignaron los cargos de porteros, cantores y levitas".

Estas personas no fueron elegidos por favoritismo, ni por simpatía humana; fueron señaladas y asignadas a una función, tarea y obra que estaban llamadas por Dios para realizar.

Mientras Jesucristo no llame a una persona para hacer algo a favor del Cuerpo, por más que se le diga y por más que se le enseñe, dicha persona se sentirá incómoda en lo que hace. Sencillamente no ha recibido un llamado del cielo para realizar esa labor.

Aquellos que son llamados a ser "porteros" o "servidores" deben tener el *don de servicio*. En Romanos 12:7 leemos: "o si de servicio, en servir". Sin este don ningún "servidor" podrá servir de todo corazón, con entusiasmo, con amor y con todo deseo al Cuerpo de Cristo.

De igual manera los "cantores" o "salmistas" no son elegidos sino señalados y asignados. Cualquiera puede cantar en una congregación, pero no cualquiera ha recibido un llamado especial para ser parte integral del "ministerio de cantores" o "ministerio de alabanza y adoración". Estos que son llamados no solo cantan, ellos ministran a Dios y de parte de Dios a la congregación.

Como tales estarán dispuestos a pagar un precio alto de abnegación. El ensayar para ellos no será una carga, será un momento de gozo y de alegría. El uniformarse no les molestará, los alegrará porque son los "salmistas" de Dios.

Ayunarán y orarán para que el Espíritu Santo los use ministrando con el canto y con la música. Tomarán tan en serio su ministerio como lo hace el predicador, el pastor, el maestro, el evangelista y todos aquellos a los cuales el Dios del cielo le ha placido llamar para ser sus ministros.

El orgullo, la rebelión, la envidia y el celo no serán marcas en los ministros de canto y de música. En todo y con todo glorificarán al Dios del cielo y exaltarán a Jesús que es el Señor.

La *Nueva Biblia Española* dice Nehemías 7:2 como sigue: "Puse al frente de Jerusalén a mi hermano Hananí, y a Ananías, jefe de la fortaleza, que era un hombre honrado y temeroso de Dios como pocos".

En posiciones claves un líder como Nehemías pone líderes claves. Encargado de Jerusalén o como alcalde de la misma, Nehemías delegó esta gran responsabilidad a un hombre que él conocía bien, que estaba bien comprometido con la visión de restauración para Jerusalén. Quien mejor que su propio hermano Hanani.

Personas que todavía no han captado la visión del líder, jamás deben tener puestos de mucha influencia. Su falta de visión o el no compartir la visión del líder, entorpecerán la buena marcha de la obra.

Al lado de Hanani, Nehemías puso a Hananías, quien ya era un líder prominente en Jerusalén. A líderes fieles en una posición se les puede promover a una mayor.

Pero aquellos que serán promovidos deben exceder al resto del pueblo en su honradez y verán el temor a Dios. El que teme a Dios es honrado y el que es honrado teme a Dios.

II. Nehemías ordena

"Y les dije: No se abran las puertas de Jerusalén
hasta que caliente el sol; y aunque haya gente allí,
cerrad las puertas y atrancadlas. Y señalé guardas de
los moradores de Jerusalén, cada cual en su turno, y
cada uno delante de su casa" (7:3).

Cuando un líder como Nehemías manda a abrir las puertas, estas se abren. Y cuando manda a cerrarlas, estas se tienen que cerrar. Sus órdenes eran precisas y detalladas. Un subalterno que está en la voluntad de Dios y que responde en el espíritu a su autoridad espiritual, no contradice lo que éste le ha ordenado. Ni se enoja cuando éste le da alguna orden.

El problema de muchos líderes subalternos es que no quieren hacer las cosas como el líder pide, sino como ellos quieren. No como Dios demanda, sino como ellos se sienten cómodos en hacerlas.

Cuando un líder le dice a alguien "haz esto" o "ve allí" lo debe cumplir. En Mateo 8:9 leemos del principio de someter a autoridad y de cumplir con la autoridad del centurión romano: "Porque también yo soy hombre bajo autoridad, y tengo bajo mis órdenes soldados; y digo a éste: Ve, y va; y al otro: Ven, y viene; y a mi siervo: Haz esto, y lo hace".

Los diáconos y servidores deben cumplir con las tareas que

les son asignadas. Si a alguien se le ordena por el líder que haga algo, y éste a su vez manda a otro para que lo haga; la primera persona cumplió con la petición del líder, pero no obedeció las órdenes del mismo.

Leemos de Nehemías: "Y señaló guardas de los moradores de Jerusalén, cada cual en su turno, y cada uno delante de su casa" (7:3). Para Nehemías todos tenían que trabajar. Por eso les asignó turnos. Los diáconos y servidores funcionan por turnos. Tienen que ser responsables a su puesto y al día asignados.

Los que realmente han sentido un llamado del Señor Jesucristo para hacer algo en su viña, trabajarán donde sean puestos. Todo lo harán para gloria y honra del Señor.

III. Nehemías obedece

"Entonces puso Dios en mi corazón que reuniese a los nobles y oficiales y al pueblo, para que fuesen empadronados según sus genealogías..." (7:5).

Ahora Nehemías había confrontado un problema de poca población dentro de Jerusalén. Leemos: "La ciudad era espaciosa y grande, pero los habitantes escasos y no se construían casas" (NBE).

Los líderes como Nehemías creen en el crecimiento. No se sienten cómodos con ver los edificios bonitos y el ambiente favorable. Quieren ver personas. A fin de cuentas para Dios el pueblo es más importante que las construcciones. Pero se construye para acomodar las personas que Dios quiere adentro.

Pero Nehemías no se movía por caprichos humanos o por darse pompa humana. A él lo movía Dios. A él le hablaba Dios. A él le revelaba Dios.

Leemos: "Entonces puso Dios en mi corazón". La *Nueva Biblia Española* dice: "Entonces mi Dios me inspiró". Todo lo que hizo Nehemías desde que habló con el rey Artarjerjes, de su viaje de inspección a Jerusalén, su función como constructor y su trabajo de gobernador, lo hizo porque Dios se lo puso en el corazón.

Nehemías tenía una línea directa de comunicación con Dios. Una vez más el teléfono de Dios sonó varias veces en su corazón y él lo levantó:

—¿Quién habla? preguntó Nehemías.

—Es Dios quien llama y deseo hablar contigo Nehemías.

—Dime Dios, ¿en qué te puedo servir ahora?

—Nehemías, quiero que envíes una convocatoria para llamar a una reunión extraordinaria con todo el liderazgo de Judá. Tengo una propuesta de repoblación que creo funcionará bien.

—Esta bien Dios, lo haré, contesta Nehemías y enganchó el teléfono.

Desde luego el plan que Dios le dio a Nehemías, ya se lo había dado a Esdras (léase Esdras 2). Nehemías lo que hizo fue activar una resolución aprobada y hacerla cumplir.

El versículo 73 dice: "Y habitaron los sacerdotes, los levitas, los porteros, los cantores, los del pueblo, los sirvientes del templo y todo Israel, en sus ciudades".

Dios habla de "sacerdotes" o ministros que oficiaban. De "levitas" o ayudantes de ministerio. De "cantores" encargados de música y canto. Del "pueblo" o miembros. De "sirvientes del templo" o servidores de santuario o de altar. De "porteros" o responsables de atender las puertas y de velar a los que entraban y salían por las mismas. Y finalmente de "todo Israel" o de todos los creyentes o toda la familia de la fe.

Conclusión

(1) Nadie podrá realizar un buen trabajo en la iglesia de Jesucristo, si verdaderamente no ha sido llamado o llamada por Dios. (2) Aquellos que son "servidores" conforme a Dios, deben poseer el don de servicio. (3) Las posiciones de ministerio en la iglesia no deben ser elegidas sino señaladas o designadas. (4) Aquellos líderes que han captado la visión del líder pueden ser promovidos si aparece la necesidad. (5) Los subalternos deben estar dispuestos a obedecer a sus líderes, aunque éstos los cansen con sus demandas. (6) Todo proyecto funcionará si es que Dios lo ha puesto en el corazón del líder y no simplemente en la mente.

LA LECTURA
DE LA LEY
POR ESDRAS

"Venido el mes séptimo, los hijos de Israel estaban en
sus ciudades; y se juntó todo el pueblo como un solo
hombre en la plaza que estaba delante de la puerta
de las Aguas, y dijeron a Esdras el escriba que trajese
el libro de la ley de Moisés, la cual Jehová había dado
a Israel. Y el sacerdote Edras, trajo la ley delante de
la congregación, así de hombres como de mujeres y
de todos los que podían entender, el primer día del
mes séptimo. Y leyó en el libro delante de la plaza
que está delante de la puerta de las Aguas, desde el
alba hasta el mediodía, en presencia de hombres y
mujeres y de todos los que podían entender, y los
oídos de todo el pueblo estaban atentos al libro de la
ley. Y el escriba Esdras estaba sobre un púlpito de
madera que habían hecho para ello, y junto a él
estaban Matatías, Sema, Anías, Urías, Hilcías y
Maasías a su mano derecha; y a su mano izquierda,
Pedaías, Misael, Malquías, Hasum, Hasbadana,
Zacarías y Mesulam..." (Nehemías 7:73; 8:1–12).

Introducción

El capítulo 8 de Nehemías probablemente sea un apéndice o
una secuencia de Esdras 8. Además Nehemías 8 presenta un
contexto parecido a Esdras 9.

Nehemías por ser un laico, a pesar de su posición secular de
gobernador, no podía dar lectura a la ley de Moisés, y menos aún
interpretarla. Por tal razón, Esdras ocupa la función de lector e
intérprete de la ley. Su posición religiosa de sacerdote (Neh. 8:2, 9)

y de escriba le autorizaba en dicha función (Neh. 8:1). La aplicación al liderazgo en este capítulo es que los líderes deben mantenerse en su posición y no desempeñar funciones que no forman parte de las descripciones de su oficio. Nehemías era el administrador y Esdras era el ministro o ministrador de los asuntos espirituales.

I. El expositor de la ocasión

"...y se juntó todo el pueblo como un solo hombre en la plaza que está delante de la puerta de las Aguas, y dijeron a Esdras el escriba, que trajese el libro de la ley de Moisés, la cual Jehová había dado a Israel" (8:1).

Notemos que se menciona "a Esdras el escriba" (8:1). En Esdras 7:6 leemos: "este Esdras subió de Babilonia. Era escriba diligente en la ley de Moisés, que Jehová Dios de Israel había dado; y le concedió el rey todo lo que pidió porque la mano de Jehová su Dios estaba sobre Esdras".

Esdras no solo era un ministro de Dios como sacerdote, sino que también amaba la Palabra de Dios como escriba. Quien no ama la Palabra, estudiándola e interpretándola, no debe ser un expositor de la misma. La prueba de que un hombre ha sido llamado a exponer la Palabra de Dios, es su aplicación personal en conocerla.

Me llama la atención la expresión: "y se juntó todo el pueblo como un solo hombre" (8:1). Si algo le interesaba a este pueblo era escuchar la lectura de la ley juntos y unánimes. Cuando la Palabra de Dios se comparte toda la comunidad religiosa le debe prestar atención.

Tanto los hombres como las mujeres tenían el derecho de beneficiarse de la ley escrita de Moisés (8:2). Era para "todos los que podían entender" (8:2). La Biblia se lee públicamente, y se enseña o se predica para que los que oyen la puedan entender.

"Desde el alba hasta el mediodía" (8:3). Esdras leyó la ley aquel primer día del séptimo mes (8:2). El pueblo no tenía prisa en escuchar la Palabra de Dios. La amaban, la apreciaban y la deseaban.

II. Los oyentes de la ocasión

"Abrió, pues, Esdras el libro a ojos de todo el pueblo

porque estaba más alto que todo el pueblo y cuando
lo abrió, todo el pueblo estuvo atento" (8:5).

Esdras leyó desde "un púlpito de madera que habían hecho
para ello" (8:4). El púlpito es un mueble sagrado desde el cual se
comparte lo que dice Dios en su Palabra escrita. No se debe
emplear como armario de cosas perdidas o gavetero de artículos
religiosos. Tristemente muchos púlpitos se han convertido en
depósitos de desperdicios u objetos perdidos.

El pueblo no solo oía bien a Esdras, también lo veía bien:
"Abrió, pues, Esdras el libro a ojos de todo el pueblo, porque
estaba más alto que todo el pueblo" (8:5). De manera simbólica
al Esdras estar alto, la ley la ponía en alto.

Esdras captó la atención de sus oyentes. Leemos: "y cuando lo
abrió, todo el pueblo estuvo atento" (8:5). A la Palabra de Dios se
le da reverencia con la atención, no es tanto la posición del cuerpo
(estando de pie) sino la posición del corazón (estando atentos)
ante la Palabra leída, enseñada o predicada.

III. El proceso de la ocasión

"Bendijo entonces Esdras a Jehová, Dios grande. Y
todo el pueblo respondió: ¡Amén! ¡Amén! Alzando
sus manos; y se humillaron y adoraron a Jehová
inclinados a tierra" (8:6).

Esdras dirige al pueblo a poner su mirada espiritual en el Dios
de la ley que él leía. Con sus palabras personales, Esdras decía
bien de Dios, es decir "bendijo", e invitaba al pueblo a la
adoración.

El doble "amén" del pueblo no era muletilla religiosa o
estribillo habitual, era la acentuación de su fe en Dios. Con su
lenguaje corporal adoraron a Dios en espíritu de humillación.

Mientras Esdras leía un grupo de levitas traducía al caldeo lo
que éste leía en hebreo, a aquellos oyentes que de Babilonia habían
emigrado a Jerusalén.

Como ha dicho Charles R. Swindoll: "Así que oían la lectura
de una Biblia hebrea por medio de oídos babilonios" (*Pásame otro
ladrillo*, Editorial Betania, 1980, p. 40). Eran judíos que tenían oídos
babilónicos. ¿Con qué oídos estamos escuchando la Palabra? ¿Con
los oídos de la cultura? ¿Con los oídos de la razón? ¿O con los
oídos de la fe?

Esa lectura se hacía con claridad y con sentido: "Y leían en el libro de la ley de Dios claramente, y ponían el sentido, de modo que entendiesen la lectura" (8:8). Los ayudantes de Esdras sabían leer la ley. Aquellos que son pobres leyendo, nunca deben ser invitados a leer en publico y en alta voz la Palabra escrita de Dios.

IV. El resultado de la ocasión

"Y todo el pueblo se fue a comer y a beber,
y a obsequiar porciones, y a gozar de grande
alegría, porque habían atendido las palabras
que les habían enseñado" (8:12).

Ante la lectura de la ley, el pueblo cayó bajo convicción y se sintió reargüido. Leemos: "Y Nehemías el gobernador, y el sacerdote Esdras, escriba, y los levitas que hacían entender al pueblo, dijeron a todo el pueblo: Día santo es a Jehová nuestro Dios, no os entristezcáis, ni lloréis; porque todo el pueblo lloraba oyendo las palabras de la ley" (8:9).

Nadie puede ser el mismo, ni sentirse igual cuando ha recibido en su corazón la Palabra de Dios. La lectura de la ley que produjo lloro y tristeza (8:9), también se trasformó en gozo espiritual. El versículo 10 dice: "...porque día santo es a nuestro Señor, no os entristezcáis, porque el gozo de Jehová es vuestra fuerza". El gozo que produce la Palabra de Dios da fortaleza. Dése cuenta que es el gozo de Dios el que da fuerzas. El gozo del Señor es nuestra fortaleza.

Notemos la exhortación de los levitas: "...y no os entristezcáis" (8:11). Las personas más felices del mundo son aquellas que después de ser tocados por la Palabra, reaccionan positivamente a la misma. Dios está interesado en tener a un pueblo que esté contento con Él. El resultado fue que "todo el pueblo se fue a comer y a beber, y a obsequiar porciones, y a gozar de grande alegría, porque habían entendido las palabras que les habían enseñado" (8:12).

Esto es una fiesta espiritual. Se gozaron en la Palabra de Dios y ahora se gozan entre ellos mismos. Las relaciones interpersonales entre los creyentes son importantes. Las actividades sociales fortalecen la comunicación colectiva entre los creyentes.

Conclusión

(1) Los que exponen la Palabra de Dios deben ser diligentes en su estudio personal. (2) Los que oyen la Palabra de Dios deben estar atentos a la misma. (3) La posición del corazón ante la Palabra leída es más importante que la posición del cuerpo. (4) La Palabra debe leerse con claridad y sentido, pero también se escuchará con "oídos de fe". (5) La Palabra que compunge es también la Palabra que produce gozo.

LA FIESTA DE LOS TABERNÁCULOS

Al día siguiente se reunieron los cabezas de las familias de todo el pueblo, sacerdotes y levitas, a Esdras el escriba, para entender las palabras de la ley. Y hallaron escrito en la ley que Jehová había mandado por mano de Moisés, que habitasen los hijos de Israel en tabernáculos en la fiesta solemne del mes séptimo; y que hiciesen saber, y pasar pregón por todas sus ciudades y por Jerusalén, diciendo: Salid al monte, y traed ramas de olivo, de olivo silvestre, de arrayán, de palmeras y de todo árbol frondoso, para hacer tabernáculos, como está escrito. Salió, pues, el pueblo, y trajeron ramas e hicieron tabernáculos, cada uno sobre su terrado, en sus patios, en los patios de la casa de Dios, en la plaza de la puerta de las Aguas, y en la plaza de la puerta de Efraín. Y toda la congregación que volvió de la cautividad hizo tabernáculos, y en tabernáculos habitó; porque desde los días de Josué hijo de Nun hasta aquel día, no habían hecho así los hijos de Israel. Y hubo alegría muy grande. Y leyó Esdras en el libro de la ley de Dios cada día, desde el primer día hasta el último; e hicieron la fiesta solemne por siete días, y el octavo día fue de solemne asamblea, según el rito" (Nehemías 8:13-18).

Introducción

La prueba máxima de que la Palabra de Dios se ha recibido, es que esta invita a la acción. En Nehemías 8:13–18 encontramos una restauración tradicional de la fiesta de los tabernáculos, la cual recordaba al pueblo de que Dios hizo habitar a sus antecesores en tabernáculos en el desierto (cp. Lv. 23:43). Nunca debemos olvidar esos primeros tiempos con Dios y en nuestros corazones debe haber siempre una celebración. ¡Hay que levantar tabernáculos de agradecimiento a Dios!

I. El tiempo

"Al día siguiente se reunieron los cabezas de las familias de todo el pueblo, sacerdotes y levitas, a Esdras, el escriba, para entender las palabras de la ley" (8:13).

Los que quieren aprender algo sacan tiempo para aprender. Notemos esa cláusula: "al día siguiente se reunieron los cabezas de las familias de todo el pueblo, sacerdotes y levitas".

Esta era una reunión de líderes, de cabezas y no de colas, que reconocían su posición y estaban dispuestos a recibir más conocimiento. La experiencia del día anterior les había abierto su apetito espiritual. Al abrírsele su apetito saben ir a quien les puede suministrar el alimento.

Dios nos ha llamado a ser buenos mayordomos del tiempo. Este no se debe malgastar en la inactividad innecesaria, ni en asuntos que no valgan la pena. El éxito de los triunfadores es en parte el resultado de cómo utilizaron bien su tiempo. ¡No seas un esclavo del tiempo, sé el amo del tiempo!

II. La persona

"...a Esdras, el escriba" (8:13).

¿A quién vamos cuando necesitamos consejo? ¿Quién nos puede enseñar algo a nosotros? ¿De quién podemos depender para entender las cosas espirituales? ¿Quién realmente está interesado en nosotros? ¿Tendrá esa persona la experiencia y el conocimiento para ayudarnos?

Los "cabezas" del pueblo van a la cabeza espiritual, a uno que sabía discernir y les podía enseñar a discernir. Todos hemos tenido en nuestra vida personas significativas que con su consejo y apoyo nos han ayudado a discernir lo bueno de lo malo, lo necesario de lo innecesario, y lo que vale la pena de lo que es pérdida de tiempo y energías.

David en un momento de crisis espiritual, de desorientación y de soledad humana, supo ir a una persona que lo podía ayudar. Leemos: "Huyó, pues, David, y escapó y vino a Samuel en Rama, y le dijo todo lo que Saúl había hecho con él. Y él y Samuel se fueron y moraron en Naiot" (1 S. 19:18).

III. La obediencia

"Salió, pues el pueblo, y trajeron ramas e
hicieron tabernáculos, cada uno sobre su terrado,
en sus patios, en los patios de la casa de Dios,
en la plaza de la puerta de las Aguas,
y en la plaza de la puerta de Efraín" (8:16).

Por medio de Esdras "los cabezas" descubren que habían descuidado una antigua tradición como era la fiesta de los tabernáculos o de las tiendas o de las cabañas. La misma tenía que celebrarse en el mes séptimo que es octubre y era un mandato divino (Neh. 8:14; cp. Lv. 23:33–44; Nm. 29:35–38 y Dt. 31:10–13).

El pueblo había caído en un descuido espiritual sobre el significado histórico–espiritual y la práctica de esa fiesta solemne y tradicional. La religión rueda sobre tradiciones, que dan significado y profundidad a la misma.

Leemos en el versículo 17 que "toda la congregación que volvió de la cautividad hizo tabernáculos, y en tabernáculos habitó; porque desde los días de Josué hijo de Nun hasta aquel día, no habían hecho así los hijos de Israel. Y hubo alegría muy grande".

Notemos la cláusula: "no habían hecho así". Es importante preguntarnos: ¿Qué no hemos hecho que Dios espera que hagamos? ¿Qué tradiciones santas de Dios hemos descuidado? ¿Qué cosas no estamos haciendo como Dios quiere que las hagamos?

La otra cláusula lee: "Y hubo alegría muy grande". Lo que se hace bien para Dios es motivo de alegría. Esta es una emoción, y a Dios le interesan nuestras emociones. La religión con sus tradiciones es algo que debe alegrar y no amargar nuestros espíritus. ¡Aprenda a reírse en Dios! ¡Gócese en las cosas de Dios! ¡Sea un creyente entusiasta y lleno de optimismo!

Durante ocho consecutivos días, el pueblo escuchó a Esdras leer la ley de Dios (8:18). En todo esto la Palabra tenía prioridad. En toda reunión espiritual o culto a Dios, la Palabra tiene su lugar

82 Nehemías el constructor

de importancia. En la ministración de la misma desembocan todos los ejercicios religiosos. *¡Sola Scriptura!* Este era el lema de los reformadores protestantes. ¡Volvamos a la Biblia y Dios se volverá a nosotros!

Conclusión

(1) Seamos buenos mayordomos del tiempo. (2) Identifiquemos en nuestras vidas esas personas significativas y busquemos su apoyo y orientación. (3) Las tradiciones buenas que nos recuerdan del favor de Dios se deben practicar.

LA SANTA CONVOCATORIA

"El día veinticuatro del mismo mes se reunieron los hijos de Israel en ayuno, y con cilicio y tierra sobre sí. Y ya se había apartado la descendencia de Israel de todos los extranjeros; y estando en pie, confesaron sus pecados, y las iniquidades de sus padres. Y puestos de pie en su lugar, leyeron el libro de la ley de Jehová su Dios la cuarta parte del día, y la cuarta parte confesaron sus pecados y adoraron a Jehová su Dios" (Nehemías 9:1-3).

Introducción

La Palabra de Dios cuando es leída, es interpretada y es aplicada, invita siempre a la acción espiritual. En Nehemías 9:1–3 el pueblo de Israel responde mediante una santa convocatoria a lo que dice Dios.

I. Una convocatoria de humillación

"El día veinticuatro del mismo mes se reunieron los hijos de Israel en ayuno, y con cilicio y tierra sobre sí" (9:1).

Esto tomó lugar el día veinticuatro del mes séptimo, es decir septiembre y octubre. Durante los primeros siete días, Esdras leyó el libro de la ley, y el octavo día fue una solemne y santa asamblea (8:18).

En esta convocatoria de humillación, participaron todos "los hijos de Israel". No era para los extraños; era responsabilidad de la comunidad de fe para aquellos identificados por el pacto y por las promesas patriarcales.

El ayuno no es una penitencia o un pago espiritual a Dios por la absolución y perdón de pecados. El ayuno no es un sacrificio humano. Muchos creyentes utilizan estas expresiones: "Tengo que presentarme en sacrificio al Señor" o "estoy de sacrificio delante de Dios".

Ante *Dios-Padre* y *Dios-Espíritu Santo*, el único sacrificio que cumple y satisface las demandas divinas fue el del Calvario por *Dios-Hijo*. Ante la Trinidad el único sacrificio que el creyente puede presentar está en Romanos 12:1, donde leemos: "Así que, hermanos, os ruego por las misericordias de Dios, que presentéis vuestros cuerpos en sacrificio vivo, santo, agradable a Dios, que es vuestro culto racional". En otras palabras, Dios pide que el creyente le agrade con la santidad del cuerpo.

Notemos que este ayuno israelita se asocia "con cilicio y tierra sobre sí" (9:1). Compárese con el ayuno que realizó David cuando supo que el juicio de Dios había alcanzado a su hijo nacido de su pecado con Betsabé (2 S. 12:15–20).

Este ritual externo "con cilicio y tierra sobre sí", era una representación de humillación interna, que se exteriorizaba por fuera. A Dios le interesa lo privado y lo público.

Jesucristo amonestó a los creyentes en contra del "ayuno de hipócritas" que era practicado por fariseos (véase Mt. 6:16–18). Además estuvo en contra de las oraciones hipócritas que hacían éstos, que en vez de buscar la aprobación de Dios, buscaban la aprobación de los hombres (Mt. 6:5–6). En los Evangelios siempre descubrimos la lucha de Jesús frente a los fariseos.

Hoy día ya no se necesita de señales externas delante de Dios cuando se ayuna, es más bien un acto interno y secreto lo que busca ver a Dios. Hay que tener mucho cuidado con el espíritu del fariseísmo, el cual en todo tiempo prevalece.

II. Una convocatoria de separación

"Y ya se había apartado la descendencia de Israel de
todos los extranjeros" (9:2).

Los israelitas se habían degenerado como pueblo separado para Dios, y étnicamente se habían unido en matrimonios interraciales y en relaciones integradas con los no israelitas o gentiles.

El problema no era tanto la integración étnica, sino la pérdida de valores y principios religiosos a los cuales los israelitas se habían expuesto. Su problema no era sociológico, psicológico, era teológico.

La Iglesia, la comunidad de los santos, tiene que apartarse del mundo. Ya que el mundo con su filosofía y valores, piensa y actúa en contradicción a las normas y demandas del reino. Nuestra misión es influenciar al mundo para Jesucristo, y no que el mundo nos influencie a nosotros. Hoy día hay más del mundo en la Iglesia, que de la Iglesia en el mundo. Tenemos que ir al mundo con una misión, pero no podemos dejar que el mundo llegue a nosotros con sus ofertas. Salimos de Egipto, pero Egipto también tiene que salir de nosotros.

III. Una convocatoria de arrepentimiento

"Y estando en pie, confesaron sus pecados, y las iniquidades de sus padres" (9:3).

El arrepentimiento aquí expuesto es público. Es un arrepentimiento de pecados generacionales. Cada cual se hacía responsable de sus pecados y de los de la generación que le había precedido.

Por ejemplo, los españoles conquistadores y la España colonizadora cometieron muchos atropellos y explotación contra los grupos indígenas de la América Latina, pecado del cual se arrepienten sus descendientes creyentes.

También los Estados Unidos de América esclavizaron a indefensos africanos, que los traían a esta nación, para explotarlos ultrajándoles de sus derechos humanos, dividiéndoles familias y robándoles su dignidad humana. Los creyentes, descendientes de aquellos esclavistas blancos, se arrepienten de los pecados racistas de sus antepasados. Los Estados Unidos de América en su espíritu de extensión territorial, con promesas falsas, mediante la fuerza militar, le quitaron territorios a muchas tribus nativoamericanas (Sioux, Dakota, Comanches, Apaches, Navajos, etc.). Muchos de los descendientes de aquellos generales y presidentes y demás líderes, así como aquellos colonizadores, tienen que arrepentirse del pecado de sus antepasados.

Basta ya de estar culpando a la generación anterior, nosotros la generación posterior, también tenemos culpabilidad. El pasado no lo podemos reparar, pero el presente sí lo podemos superar. Lo que hagamos hoy bien, será un mañana bien hecho. Hay pecados generacionales que parecen transmitirse o por genética o por influencia demoníaca. Y ese se debe parar con la confesión y el arrepentimiento.

Quizás la generación anterior fue mala. Tal vez no nos hizo bien y nos trajo malas consecuencias, pero tenemos que poner un freno para el bienestar de la próxima generación. Cada generación es responsable a la próxima. El pasado de mis padres no lo puedo corregir, pero puedo pedir perdón, contribuyendo a un mejor futuro para mis hijos y los hijos de mis hijos.

IV. Una convocatoria de adoración

> "...y la cuarta parte confesaron sus pecados
> y adoraron a Jehová su Dios" (9:3).

Se nos declara que una cuarta parte confesó sus pecados y adoraron a Dios. Una minoría puede poner a Dios a favor de la mayoría, y aunque otros no oren y no se arrepientan, hagamos lo nuestro.

Todo ejercicio religioso, todo ministerio realizado, debe tener como blanco de puntería la adoración a Dios. Esa adoración expresada ante Dios tiene que ser espiritual y verdadera (Jn. 4:24).

Adorar implica una devoción tributada a Dios. A Él se le adora por lo que Él es y se le alaba por lo que hace. Se le adora por su naturaleza y se le alaba por sus acciones. Se le adora por sus promesas y se le alaba por sus bendiciones.

V. Una convocatoria de bendición

> "Y dijeron los levitas Jesúa, Cadmiel, Bani, Hasabnías,
> Serebías, Hodías, Sebanías y Petaías: Levantaos,
> bendecid a Jehová vuestro Dios desde la eternidad hasta
> la eternidad; y bendígase el nombre tuyo, glorioso y alto
> sobre toda bendición y alabanza" (9:5).

El resultado de esta santa convocatoria fue que líderes reconocidos se comprometieron con Dios. Leemos que "luego se levantaron sobre la grada de los levitas [...], y clamaron en alta voz a Jehová su Dios" (9:4).

El pueblo fue motivado por medio de un grupo de levitas a bendecir a Dios. Al bendecir el nombre de Dios lo reconocían y lo exaltaban por lo que Dios es e hizo por sus antepasados (léase Neh. 9:6–37). Por encima de todas las bendiciones pasadas, presentes y futuras debe estar el nombre de Dios.

Conclusión

(1) La práctica del ayuno nos conduce a humillarnos delante

de Dios, buscando su aprobación y no la de las personas. (2) El creyente está en el mundo, pero el mundo no debe estar en el creyente. (3) Cada generación es culpable de sus propios pecados, pero debemos reconocer los pecados de nuestra generación anterior y en su ausencia pedir perdón por ellos, delante de la generación que ha sufrido sus consecuencias. (4) Dios está buscando adoradores verdaderos y espirituales. (5) Repasemos la historia pasada y tendremos sobradas razones para exaltar al Dios del cielo.

16

EL PACTO DELANTE DE DIOS

"Y el resto del pueblo, los sacerdotes, levitas, porteros y cantores, los sirvientes del templo, y todos los que se habían apartado de los pueblos de las tierras a la ley de Dios, con sus mujeres, sus hijos e hijas, todo el que tenía comprensión y discernimiento, se reunieron con sus hermanos y sus principales, para protestar y jurar que andarían en la ley de Dios, que fue dada por Moisés siervo de Dios, y que guardarían y cumplirían todos los mandamientos, decretos y estatutos de Jehová nuestro Señor. Y que no daríamos nuestras hijas a los pueblos de la tierra, ni tomaríamos sus hijas para nuestros hijos. Asimismo, que si los pueblos de la tierra trajesen a vender mercaderías y comestibles en día de reposo, nada tomaríamos de ellos en ese día ni en otro día santificado; y que el año séptimo dejaríamos descansar la tierra, y remitiríamos toda deuda" (Nehemías 10:28-31).

Introduccion

A la Palabra de Dios se debe responder con un serio compromiso. Y eso es lo que precisamente ocurre en este capítulo 10 de Nehemías donde el pueblo que ha oído lo que Dios dice, se mueve a renovar su pacto con Dios.

I. Los que entran en el pacto

"Y el resto del pueblo, los sacerdotes, levitas, porteros y cantores, los sirvientes del templo, y todos los que se habían apartado de los pueblos de las tierras a la ley de Dios, con sus mujeres, sus hijos e hijas, todo el que tenía comprensión y discernimiento" (10:28).

No solo el pueblo que era ministrado, sino también los ministraban a éste (sacerdotes y levitas); y los que ministraban a favor de éstos (porteros, cantores y sirvientes) entraron en pacto con Dios.

Cuando los líderes se comprometen con Dios y son ejemplo a un pueblo; éste también emulará a los líderes. El pueblo quiere imitar a líderes que digan y actúan de acuerdo con la voluntad de Dios.

Las familias también entraron en pacto con Dios. Familias que están unidas en su compromiso con Dios, serán familias bendecidas.

Notemos esta declaración: "todo el que tenía comprensión y discernimiento". Dos cosas importantes son comprender y discernir. Eso habla de tener conocimiento y de darse cuenta de las cosas. La falta de entendimiento y la capacidad para discernir, han afectado la buena marcha de ministerios y congregaciones.

II. Lo que se promete en el pacto

"Se reunieron con sus hermanos y sus principales, para protestar y jurar que andarían en la ley de Dios, que fue dada por Moisés siervo de Dios, y que guardarían y cumplirían todos los mandamientos, decretos y estatutos de Jehová nuestro Señor" (10:29).

Esta era una protesta positiva y espiritual. Es una demostración a favor de Dios. Es un llamado a responder a Dios y a su Palabra. Es alinearse con los mandamientos divinos.

El pueblo es invitado a comprometerse, mediante un juramento en el cual pondrían en práctica y conducta diaria la ley de Dios. La Biblia se tiene que leer, estudiar y cumplir. Es la regla infalible de fe y de conducta del creyente.

El compromiso era "que andarían en la ley de Dios". Muchos obedecen y cumplen más las leyes humanas que la *ley de Dios*. Esa *ley de Dios* se puede resumir en "mandamientos, decretos y estatutos". Dios es un Dios de ley y de orden. La iglesia enseña la ley y orden del cielo aquí en la tierra.

III. Lo que resulta del pacto

"Y que no daríamos nuestras hijas a los pueblos de la
tierra, ni tomaríamos sus hijas para nuestros hijos"
(10:30).

Aquí se presenta un proceso cultural de matrimonios. En esos
días el padre era el que daba a la hija en matrimonio; pero a la
vez era el que aceptaba a una hija de otro para su hijo.

Los padres cristianos deben procurar influenciar sobre sus hijos
e hijas, cuando éstos buscan pareja, la cual debe poseer valores
cristianos. Deben ser de su mismo pueblo espiritual. Las
inconversas y los inconversos no son buena pareja para nuestros
hijos e hijas, pertenecen a pueblos extraños y no son parte del
pueblo de Dios.

IV. Lo que representa el pacto

"Asimismo, que si los pueblos de la tierra trajesen a
vender mercaderías y comestibles en día de reposo nada
tomaríamos de ellos en ese día ni en otro día
santificado; y que el año séptimo dejaríamos descansar
la tierra, y remitiríamos toda deuda" (10:31).

En día de reposo no se harían compras. El mismo sería
consagrado a Dios. Además, cualquier otro día también sería
respetado si en el mismo se llevaba alguna actividad para Dios.
Una vez más la tierra tendría descanso el séptimo año. Esto le
permitiría a la misma rejuvenecerse y enriquecerse para próximas
siembras y cosechas.

Aunque todos los días son el día para el Señor, el día del Señor
para los cristianos lo es el día domingo. Debe ser un día respetado
y santificado para Dios. Esas horas que se le dan como primicias
del mismo al Señor Jesucristo, no se deben comprometer con
nadie, ni con nada.

El día domingo para la iglesia es la señal de la resurrección del
Señor Jesucristo, del descenso del Espíritu Santo, y de la
inauguración de la misma como Cuerpo de Jesucristo.

Conclusión

(1) La comprensión y el entendimiento son importantes para

aquellos que desean cumplir con la voluntad de Dios en sus vidas. (2) El pueblo de Dios debe protestar a favor de todo aquello que engrandezca a Dios y a su reino. (3) Los padres y madres deben aconsejar a sus hijos a elegir compañeros y compañeras del pueblo de Dios. (4) El día que ha sido santificado por Dios, no debe ser violado por enredarse el creyente en otras cosas. Dios es más importante que hacer compras en el supermercado. Es más importante que quedarse viendo televisión.

EL PUEBLO AGRADECIDO

"Nos impusimos además por ley, el cargo de contribuir cada año con la tercera parte de un siclo para la obra de la casa de nuestro Dios (10:32). ...Echamos también suertes los sacerdotes, los levitas y el pueblo, acerca de la ofrenda de la leña, para traerla a la casa de nuestro Dios, según las casas de nuestros padres, en los tiempos determinados cada año, para quemar sobre el altar de Jehová nuestro Dios, como está escrito en la ley. Y que cada año traeríamos a la casa de Jehová las primicias de nuestra tierra, y las primicias del fruto de todo árbol (10:34-35). ...Y el diezmo de nuestra tierra para los levitas; y que los levitas recibirían las décimas de nuestras labores en todas las ciudades; y que estaría el sacerdote hijo de Aarón con los levitas, cuando los levitas recibiesen el diezmo; y que los levitas llevarían el diezmo del diezmo a la casa de nuestro Dios, a las cámaras de la casa del tesoro. Porque a las cámaras del tesoro han de llevar los hijos de Israel y los hijos de Leví la ofrenda del grano, del vino y del aceite; y allí estarán los utensilios del santuario, y los sacerdotes que ministran, los porteros y los cantores; y no abandonaremos la casa de nuestro Dios" (Nehemías 10:32-39).

Introducción

Todo avivamiento es producido por la obra soberana de Dios,

cuando el pueblo responde a su *Palabra escrita*, mediante una oración ferviente y sincera, y expresa un espíritu de humillación y arrepentimiento corporativo.

El resultado de un avivamiento se manifiesta en la vida consagrada de aquellos que lo han experimentado. Un espíritu de servicio al prójimo y una actitud de liberalidad hacia Dios, son marcas de dicho avivamiento. El avivamiento empuja al creyente a *darse por Dios y a darlo todo por Dios*.

En Nehemías 10:32–39 encontramos a un pueblo que pone todos sus recursos financieros al servicio de la obras de Dios. Para Dios nosotros somos importantes, pero también es importante para Él nuestras finanzas. Dios nos bendice para que lo bendigamos a Él y a su obra.

Es de notarse que las expresiones "la casa de nuestro Dios" (se menciona ocho veces) y "la casa de Jehová" (se menciona una vez) son el foco de la atención en estos versículos considerados.

El versículo 39 da énfasis al compromiso del pueblo hacia la casa de Dios: "y no abandonaremos la casa de nuestro Dios". La casa de Dios se abandona en este contexto, cuando se deja de contribuir voluntaria, generosa y continuamente a la obra de Dios con las finanzas.

I. La ofrenda del impuesto anual

"Nos impusimos además por ley, el cargo de contribuir cada año con la tercera parte de un siclo para la obra de la casa de nuestro Dios" (10:32).

En Éxodo 30:13 leemos: "Esto dará todo aquel que sea contado; medio siclo, conforme al siclo del santuario. El siclo es de veinte geras. La mitad de un siclo será la ofrenda a Jehová". Esta ofrenda era impuesta a todos los mayores de veinte años de edad (Éx. 30:14). Tanto los ricos como los pobres pagarían lo mismo (Éx. 30:15).

Se puede notar que el impuesto del templo en los días de Nehemías se redujo de "medio siclo" a una "tercera parte de un siclo". Posiblemente se hizo como una medida provisional tomando en cuenta la necesidad precaria del pueblo que había regresado del exilio; pero una vez que todo se normalizara el impuesto original del libro del Éxodo se activaría.

Para la época neotestamentaria todavía se practicaba el pago de impuesto para el templo, el cual era de "dos dracmas" (Mt. 17:24), y equivalía al medio siclo antiguo testamentario.

Los opositores de Jesús, acusaron a éste ante Pedro, de ser un evasor de dicho impuesto. Y mediante el milagro del estatero que el Señor instruyó a Pedro para encontrar en la boca de un pez, Jesús demostró su responsabilidad financiera. No solo pagó por Él, sino que también pagó por Pedro (Mt. 17:24–27).

Lo anterior prueba que aun el Señor Jesucristo cumplía con sus obligaciones financieras para con la obra de Dios, o sea, pagaba los impuestos del templo, daba las primicias, diezmaba y ofrendaba.

Hoy día, no hay un impuesto establecido para los templos donde se congregan los creyentes. Pero es el deber del creyente sostener y ayudar con ofrendas especiales y de carácter pro-templo. Es ahora una ofrenda más bien de actitud voluntaria.

II. La ofrenda de leña

"Echamos también suertes los sacerdotes, los levitas y el pueblo, acerca de la ofrenda de la leña, para traerla a la casa de nuestro Dios, según las casas de nuestros padres, en los tiempos determinados cada año, para quemar sobre el altar de Jehová nuestro Dios, como está escrito en la ley" (10:34).

Esta ofrenda de leña era importante. El libro de Nehemías termina con la oración que éste hace diciendo: "Y para la ofrenda de la leña en los tiempos señalados, y para las primicias. Acuérdate de mí, Dios mío, para bien" (13:31).

En la ley no hay disposición para esta clase de ofrenda de leña. Los descendientes de los gabaonitas, conocidos como netinim, eran los encargados de recoger la leña, según Adam Clarke y por eso se les llamaba: "leñadores" y "aguateros". Por su descendencia y permanencia entre los hebreos, se les consideraba esclavos y esta era su función. Pero eso cambio después del exilio.

La tarea de traer leña era ahora de todos, de los sacerdotes, de los levitas y del pueblo. Esto representa las donaciones que podemos hacer a la casa de Dios. Pero los primeros que deben dar el ejemplo son todos aquellos que están en posiciones de autoridad espiritual. Cuando los líderes dan para la casa de Dios, el pueblo también emulará su ejemplo.

Todos los creyentes somos responsables de cooperar en la obra del Señor Jesucristo. El contribuir material o físicamente es deber de todo creyente. Con acciones voluntarias ofrendamos a Dios.

III. La ofrenda de primicias

"Y que cada año traeríamos a la casa de Jehová
las primicias de nuestra tierra, y las primicias del
fruto de todo árbol" (10:35).

En el Antiguo Testamento en agradecimiento a Dios, por la cosecha, los israelitas daban la primicia de la misma a los representantes de Dios:

"No demorarás la primicia de tu cosecha ni de tu lagar me darás el primogénito de tus hijos" (Éx. 22:29).

"Las primicias de los primeros frutos de tu tierra llevarás a la casa de Jehová tu Dios. No cocerás el cabrito en la leche de su madre" (Éx. 34:26).

"Además, el día de las primicias; cuando presentéis ofrenda nueva a Jehová en vuestras semanas, tendréis santa convocación; ninguna obra de siervos haréis" (Nm. 28:26).

"Entonces tomará de las primicias de todos los frutos que sacares de la tierra que Jehová tu Dios te da, y las pondrás en una canasta, e irás al lugar que Jehová tu Dios escogiera para hacer habitar allí su nombre" (Dt. 26:2).

Hay una promesa de bendición para aquellos que dan las primicias:

"Honra a Jehová con tus bienes, y con las primicias de todos tus frutos; y serán llenos tus graneros con abundancia, y tus lagares rebosarán de mosto" (Pr. 3:9–11).

En el Nuevo Testamento "las primicias" toman un sentido y una aplicación más espiritual:

"...sino que también nosotros mismos, que tenemos las primicias del Espíritu, nosotros también gemimos dentro de nosotros mismos, esperando la adopción, la redención de nuestro cuerpo" (Ro. 8:23).

"Mas ahora Cristo ha resucitado de los muertos; primicias de los que durmieron es hecho" (1 Co. 15:20).

Es costumbre para la congregación que pastoreo, que el "Día de Acción de Gracias" tan celebrado en los Estados Unidos de América, cada uno de los miembros que trabajan den un día de su salario como las primicias al Señor Jesucristo. En ese día pasamos al altar y depositamos nuestras primicias en agradecimiento a Dios por todas las bendiciones recibidas. Con esta ofrenda de "primicias", el "Día de Acción de Gracias" ha cobrado para nosotros un nuevo significado.

Las "primicias" incluían para Dios la presentación de los primogénitos de los varones, así como del ganado (Neh. 10:36; cp. Éx. 13:2; Nm. 18:15–16). En el caso de los varones hijos, estos tenían que ser redimidos (Éx. 13:13; 23:15; 34:20). También había que entregar a los sacerdotes las "primicias" del vino y del aceite (Neh. 10:37).

IV. La ofrenda de los diezmos

> "...y el diezmo de nuestra tierra para los levitas; y que los levitas recibirían las décimas de nuestras labores en todas las ciudades" (10:37).

Según Levítico 27:30 el diezmo "de Jehová es; es cosa dedicada a Jehová". Dios reclama el diezmo porque es de Él. El que diezma no lo debe hacer para satisfacer un precepto de la ley, sino diezmar con un espíritu alegre. En 2 Corintios 9:7 leemos: "Cada uno dé como propuso en su corazón: no con tristeza, ni por necesidad, porque Dios ama al dador alegre".

Según Malaquías 3:8–12, el diezmar traerá bendiciones y el no diezmar traerá malas consecuencias. El que no diezma le roba a Dios el privilegio de ser bendecido, prosperado y ayudado financieramente por éste. Dios dice: "Traed todos los diezmos al alfolí y haya alimentación en mi casa; y probadme ahora en esto, dice Jehová de los ejércitos, si no os abriré las ventanas de los cielos, y derramaré sobre vosotros bendición hasta que sobreabunde".

Dios le pide a los creyentes "todos los diezmos", o sea, de todo lo recibido estamos llamados a diezmar. El diezmador mantiene en vigencia un pacto financiero con Dios. Dios pone a su disposición bendiciones sobreabundantes, que serán tanto materiales como espirituales. En la casa de Dios, la bendición de Él se verá manifestada sobre el creyente que diezma.

V. La ofrenda de los diezmos de los diezmos

"Y que estaría el sacerdote hijo de Aarón con los levitas,
cuando los levitas recibiesen el diezmo; y que los levitas
llevarían el diezmo del diezmo a la casa de nuestro Dios,
a las cámaras de la casa del tesoro" (10:38).

El principio de diezmar era también aplicado a los levitas. En
Números 18:26 leemos: "Así hablarás a los levitas, y les dirás:
Cuando toméis de los hijos de Israel los diezmos que os he dado
de ellos por vuestra heredad, vosotros presentaréis de ellos en
ofrenda mecida a Jehová el diezmo de los diezmos".

Los ministros del evangelio, que reciben sus salarios como
consecuencia de los diezmos y ofrendas de los feligreses, también
son responsables ante Dios de diezmar de lo recibido. Si la práctica
del diezmo bendice al creyente que lo da, bendecirá también al
ministro que lo da. En muchas congregaciones afiliadas a
concilios, se les exige a éstas el diezmo del diezmo. A los ministros
se les pide que diezmen a sus organización, y en caso de que esto
no esté reglamentado en la misma, el diezmo debe ser dado a la
iglesia local.

La razón por la cual muchas congregaciones y ministros no
son bendecidos, es porque muchos pastores eluden su responsabilidad de diezmar. Retan a otros a dar para ser bendecidos, pero
ellos mismos no se sienten retados a ser bendecidos por Dios.

En Nehemías 10:39 leemos: "Porque a las cámaras del tesoro
han de llevar los hijos de Israel y los hijos de Leví la ofrenda del
grano, del vino y del aceite; y allí estarán los utensilios del
santuario, y los sacerdotes que ministran, los porteros y los
cantores; y no abandonaremos la casa de nuestro Dios".

Los israelitas y los levitas tenían que traer sus diezmos "a las
cámaras del tesoro". Los diezmos tienen que ser entregados al
"alfolí" de donde somos ministrados. Muchos comen en "Burger
King", pero quieren pagar en "McDonald's". Diezme donde usted
es miembro.

Dejar de ofrendar y diezmar es abandonar la casa de Dios. Por
eso leemos el compromiso del pueblo: "y no abandonaremos la
casa de nuestro Dios". Muchas congregaciones y pastorados
sufren por la culpa de aquellos creyentes que han abandonado
su contribución a la casa de su Dios.

Conclusión

(1) Los creyentes deben ayudar a la obra de Dios con ofrendas especiales, aparte de sus diezmos y ofrendas. (2) Los creyentes pueden dar a Dios ofrendas de servicio voluntario a su obra. (3) Los creyentes deberían ofrendar como primicias a Dios, un día de su salario anual. (4) Los creyentes deben permitir a Dios bendecirles con toda abundancia, y para esto darán sus diezmos. (5) Los ministros deben practicar también el principio de diezmar y así como aquellos que son pastoreados por ellos, son bendecidos estos también lo serán.

LOS VOLUNTARIOS AL SERVICIO DE DIOS

18

"Habitaron los jefes del pueblo en Jerusalén; mas el resto del pueblo echó suertes para traer uno de cada diez para que morase en Jerusalén, ciudad santa, y las otras nueve partes en las otras ciudades. Y bendijo el pueblo a todos los varones que voluntariamente se ofrecieron para morar en Jerusalén" (11:1-2). ...Y sus hermanos, los que hacían la obra de la casa... (11:12). ...Sabetai y Jazabad, de los principales de los levitas, capataces de la obra exterior de la casa de Dios; y Matanías hijo de Micaía, hijo de Zabdi, hijo de Asaf, el principal, el que empezaba las alabanzas y acción de gracias al tiempo de la oración... (11:16-17). ...Los postreros, Acub, Talmón y sus hermanos, guardas de las puertas... (11:19). ...Los sirvientes del templo habitaban en Ofel; y Siha y Gispa tenían autoridad sobre los sirvientes del templo. Y el jefe de los levitas en Jerusalén era Uzi hijo de Bani, hijo de Hasabías, hijo de Matanías, hijo de Micaía, de los hijos de Asaf, cantores, sobre la obra de la casa de Dios. Porque había mandamiento del rey acerca de ellos, y distribución para los cantores para cada día. Y Petaías hijo de Mezezabel, de los hijos de Zera hijo de Judá, estaba al servicio del rey en todo negocio del pueblo (11:21-24)" (Nehemías 11:1-24).

Introducción

En estos versículos 1 al 24 de Nehemías 11, se nos presenta el programa de repoblación diseñado por Nehemías para la ciudad de Jerusalén, cuyos muros ya habían sido reedificados. Ahora se necesita la gente para darle mantenimiento y seguridad a esta histórica ciudad.

A todos "los jefes del pueblo" se les exigió habitar dentro de Jerusalén (11:1). El plan de repoblamiento era sencillo, separar por parte del pueblo diez personas y una de cada diez mediante alguna forma de balota secreta o pública, sería comisionado para trasladarse a vivir en Jerusalén. Era un servicio obligatorio, como el del Servicio Selectivo para el ejército de los Estados Unidos de América.

Por otro lado hubo quienes "voluntariamente se ofrecieron para morar en Jerusalén" en esa hora de necesidad poblacional (11:2). Luego vemos varias personas y grupos que en sus funciones presentaban un ministerio voluntario para Dios. Si algo se necesita en la obra de Dios, es el trabajo voluntario de creyentes para ayudar en la realización del mismo. Sin el ministerio de voluntarios muy poco se podrá lograr en el alcance misionero y evangelístico de la Iglesia de Jesucristo. Esa compañía de personas disponibles para hacer algo se necesita hoy más que nunca.

I. Los voluntarios dispuestos para todo

"Y bendijo el pueblo a todos los varones que voluntariamente se ofrecieron para morar en Jerusalén" (11:2).

Estos vieron una necesidad, y sin ser obligados y forzados, se presentaron para suplir la misma. Estuvieron dispuestos a sacrificar su bienestar personal y familiar fuera de los muros de Jerusalén, con tal de ser bendición y ayuda para otros.

Esta clase de voluntarios los necesitamos hoy día, hombres y mujeres, jóvenes y adultos, laicos o ministros con o sin credenciales, personas sin puestos o con puestos, que digan: "¡Presente, Señor!" Que no se hagan de rogar mucho y que voluntariamente se presenten para servir en la obra del Señor.

Aquellos que hacen trabajos voluntarios lo deben hacer de todo corazón. No se deben sentir usados por las personas, sino usados por el mismo Señor Jesucristo. Todo lo que hacemos, aunque aquí no seamos reconocidos, un día en el cielo Él nos reconocerá. Trabajamos para cobrar intereses en la eternidad.

Los voluntarios siempre serán bendecidos y otros hablarán bien de ellos. Al escribirse la historia su contribución anónima, pero efectiva aparecerá escrita.

II. Los voluntarios para trabajar dentro del templo
"...los que hacían la obra de la casa, ochocientos veintidós" (11:10-12).

Los integrantes de este grupo eran responsables por la ministración y el cuidado del santuario. Su ministerio era de servicio espiritual. Muchos son llamados para servir dentro del templo. Estos son los que enseñan, predican, dirigen ministerios y son servidores del santuario.

Tenemos que dar gracias a Dios por estos voluntarios, que dan su tiempo, recursos, talentos, habilidades y dones, para bendecir la obra del Señor.

En el ministerio tenemos diferentes funciones. Unos trabajan adentro y otros afuera. Pero todos somos importantes y necesarios en la obra.

Nadie será promovido en la obra del Señor si primero no aprende a ser fiel en lo poco, a ser un voluntario en la obra del Señor. Tenemos que promover la obra con el trabajo voluntario.

III. Los voluntarios para trabajar fuera del templo
"...Sabetai y Jozabad, de los principales de los levitas, capataces de la obra exterior de la casa de Dios" (11:15-16).

El trabajo de ellos muchas veces se perdía en el servicio dado a los demás fuera del tiempo del culto. Dentro del templo nadie los veía trabajando, pero afuera muchos daban testimonio de lo que estos hacían.

En la obra del Señor se pueden hacer tantas cosas para Él sin necesidad de ser vistos públicamente. Hombres y mujeres que llevan compañía a los solitarios, consuelo a los desconsolados, visitas a los abandonados, recuerdo a los olvidados, ayuda a los necesitados, paz a los atribulados, y que representen a Jesucristo dondequiera.

Fuera del templo hay mucho trabajo que realizar. Es tiempo de que la Iglesia reconozca como ministerios esos trabajos sociales en la comunidad.

IV. Los voluntarios que alaban, adoran y oran

"Y Matanías hijo de Micaía, hijo de Zabdi, hijo de
Asaf, el principal, el que empezaba las alabanzas y
acción de gracias al tiempo de la oración" (11:17).

El trabajo voluntario de Matanías era alabar, dar gracias a Dios
y orar. Muchos quizás no puedan predicar, enseñar, dirigir
ministerios, pero pueden orar. La oración se necesita.

Muchas de las victorias que las congregaciones han tenido, y
el mucho éxito de muchos siervos de Dios, tanto en el pasado
como en el presente, no hubiera sido posible sin la ayuda de esa
brigada de guerreros de oración.

Matanías también comenzaba el período de alabanzas. Hay
que dar gracias a Dios por los ministerios de alabanza y adoración,
que en estos días tanto están bendiciendo a nuestras congregaciones. Muchos todavía se le oponen y en muchas congregaciones
no les permiten levantarse, porque todavía no han tenido una
revelación del papel importante que estos desarrollan en el culto
dado a Dios.

V. Los voluntarios que sirven en el templo

"Los sirvientes del templo habitaban en Ofel; y Ziha y
Gispa tenían autoridad sobre los sirvientes del
templo" (11:21).

Estos funcionaban limpiando el templo y sus inmediaciones,
hacían reparaciones, daban mantenimiento y servían como
ujieres. En fin hacían todo lo que se les asignaba.

Notemos que "los sirvientes del templo" tenían en autoridad
sobre ellos a Ziha y Gispa. Lo que estos le asignaban hacer,
aquellos lo tenían que cumplir.

Un buen servidor es aquel que sabe estar bajo autoridad. Quien
se rebela contra la autoridad y que no le gusta recibir órdenes, no
merece el privilegio de ser un servidor en la obra del Señor.

La congregación que mi esposa Rosa y yo pastoreamos, tiene
el ministerio de servidores, bajo la dirección de un ministro muy
excelente. No cualquiera puede ser un servidor de santuario,
servidor de puertas, servidor de altar y servidor de cuidado, en
nuestra congregación. La persona que desea ser un servidor tiene
que dar muestras de que le gusta servir a otros y que ha sido

llamado para servir y en él o ella se debe manifestar el don del servicio.

VI. Los voluntarios que cantan en el templo

"Y el jefe de los levitas en Jerusalén era Uzi hijo de Bani..., cantores sobre la obra de la casa de Dios"
(11:22).

Uzi ejercía el puesto de dirigir los cantores en la casa de Dios. El ministerio del canto es importante y se le debe reconocer como tal. Quien está frente al ministerio de alabanza y adoración, debe ser una persona responsable, espiritual y respetada.

Aquellos que a la vez forman parte del ministerio de alabanza y adoración, deben dar muestras de que han recibido un llamado especial de Dios para participar del mismo. Ni la voz bonita, ni la apariencia física, deben ser los requisitos que se tomen en cuenta para la selección de estas personas. Una vida de santidad y una entrega total al Señor Jesucristo deben tomarse en cuenta en aquellos que ministran por medio de la música y el canto.

Los músicos "carnales" que solo están interesados en lucirse públicamente y en entretenerse con los instrumentos musicales, no son los más adecuados para esta clase de ministerio.

Conclusión

(1) En la obra del Señor se necesitan voluntarios que digan "presente" cuando la necesidad llegue. (2) El trabajo voluntario que se hace para Dios dentro del templo, debe ser sin competencia por los puestos. (3) Fuera de los confines del templo hay tanto que se puede realizar, solo se necesita a alguien que lo quiera hacer. (4) Aquellos que no pueden hacer nada dentro de la iglesia, por lo menos pueden orar. (5) Ser un servidor en el templo, es un honor y un privilegio ante Dios. (6) Los cantores y los músicos deben ser personas santas.

LAS POSICIONES SE HONRAN

"...Y los levitas: Jesúa, Binúi, Cadmiel, Serebías, Judá
y Matanías, que con sus hermanos oficiaba en los
cantos de alabanza. Y Bacbuquías y Uni, sus
hermanos, cada cual en su ministerio (12:8-9).
...Matanías, Bacbuquías, Obadías, Mesulam, Talmón y
Acub, guardas, eran porteros para la guardia a las
entradas de las puertas. Estos fueron en los días de
Joiacim hijo de Jesúa, hijo de Josadac, y en los días
del gobernador Nehemías y del sacerdote Esdras,
escriba (12:25-26)" (Nehemías 12:1-26).

Introducción

Hay quienes no saben honrar los puestos o posiciones donde Dios los ha puesto. Toman los mismos como cosa ligera, sin darle mucha importancia. Se honran a sí mismos con las posiciones.

En Nehemías 12:1–16, se nos enseña que aquellos que honran a Dios con sus posiciones, Él los honra a ellos. Nehemías se toma el tiempo de reconocer a una constelación de sacerdotes y levitas. En fin le da crédito a quién se lo merece. Sin esas bisagras humanas, la puerta del ministerio de un líder difícilmente se podrá mantener girando.

I. El oficio señalado

"...y Matanías, que con sus hermanos oficiaba en los
cantos de alabanza" (12:8).

Sobre Matanías leemos: "Y Matanías, hijo de Micaía, hijo de Zabdi, hijo de Asaf, el principal, el que empezaba las alabanzas y acción de gracias al tiempo de la oración" (11:17). Matanías es señalado como un ministro encargado de la alabanza, y uno que motivaba al pueblo a dar gracias a Dios. Dirigía a otros alabando y adorando. Era un motivador espiritual.

El ministerio de alabanza y adoración exige un alto nivel de consagración de parte de sus integrantes. Se canta y se toca música no para entretener sino para exaltar la gloria de Dios. Notemos que se dice: "oficiaba en los cantos de alabanza". Por medio del canto se debe alabar a Dios por lo que éste hizo, hace y hará. Los que cantan o tocan instrumentos de música son ministros para Dios, ofician en su presencia.

II. El oficio definido

"Y Bacbuquías y Uni, sus hermanos, cada cual en su ministerio" (12:9).

El énfasis aquí es: "cada cual en su ministerio". Cada ministerio tiene su definición y sus responsabilidades. La pregunta que debe hacerse todo aquel que desempeña algún ministerio es: ¿cuál es mi ministerio y qué se espera del ministerio? Saber que Dios me ha llamado y no saber para qué Dios me ha llamado puede crear dificultades y choques con otros ministerios.

Aquellos que ministran o que tienen un ministerio ya reconocido dentro de la comunidad de fe, deben sentirse responsables en la realización del mismo. En vez de estar velando o criticando lo que hacen o no hacen otros ministerios, deben hacer lo que a estos les corresponda. Muchos descuidan sus responsabilidades ministeriales por estarse entrometiendo en ministerios y en responsabilidades ajenas.

Saber qué tengo que hacer y para qué he sido llamado, determina la función ministerial. Cuando cada cual realiza lo que le corresponde, el trabajo de otros se hace más fácil, y la obra de Dios marcha mejor.

III. El turno esperado

"...y sus hermanos delante de ellos, para alabar y dar gracias, conforme al estatuto de David varón de Dios, guardando su turno" (12:24).

El orden y la paciencia son importantes cuando se trabaja o ministra para el Señor Jesucristo. Todo ministerio directo o indirecto se realiza para Él.

Hay quienes no saben esperar y quieren todo al momento, de la noche a la mañana, a su manera y no a la manera de Dios. De rasos quieren saltar a oficiales del ejercito. Esta clase de ministerios "microondas" no dará muchos resultados.

Notemos esta afirmación: "conforme al estatuto de David". Las reglas tienen que ser obedecidas y cumplidas cuando se quiere agradar a Dios. El ser humano que viola las reglas o no las cumple acarrea sobre sí consecuencias.

IV. El puesto mantenido

"...eran porteros para la guardia a las entradas de las puertas" (12:25).

Aquellos que Dios pone como guardas y porteros en su casa, deben ser responsables a sus puestos. Puestos "honoríficos", de nombre, sin hacer nada, no valen la pena. El puesto se honra con la fidelidad y el trabajo esmerado.

Hoy día se necesitan ministerios de servicios. Hay muchos "diáconos" que no honran su posición porque no son "servidores". La palabra "diácono" en griego es diáconos que significa "servidor". Tristemente el título se ha hecho más importante que la función.

Si Dios nos ha puesto en un lugar, debemos permanecer ahí, hasta que solo Él decida cambiarnos. El querer cambiar de puesto por capricho o porque uno se cansa del mismo, nos puede sacar del propósito de Dios para la vida de una.

Conclusión

(1) En las congregaciones se debe señalar un ministerio de alabanzas y canto. (2) Cuando sabemos lo que nos toca hacer en nuestro ministerio, no duplicaremos trabajo ni esfuerzos. (3) Las reglas deben ser acatadas si queremos agradar a Dios en todo. (4) Mantengámonos en el puesto donde nos corresponde estar, y el trabajo de Dios no será descuidado.

LA DEDICACIÓN DEL MURO

"Para la dedicación del muro de Jerusalén, buscaron a los levitas de todos sus lugares para traerlos a Jerusalén, para hacer la dedicación y la fiesta con alabanzas y con cánticos, con címbalos, salterios y citaras. Y fueron reunidos los hijos de los cantores, así de la región alrededor de Jerusalén como de las aldeas de los netofatitas; y de la casa de Gilgal, y de los campos de Geba y Azmavet; porque los cantores se habían edificado aldeas alrededor de Jerusalén. Y se purificaron los sacerdotes y los levitas; y purificaron al pueblo, y las puertas, y el muro. Hice luego subir a los príncipes de Judá sobre el muro y puse dos coros grandes que fueron en procesión; el uno a la derecha, sobre el muro, hacia la puerta del Muladar (12:27-31). ...El segundo coro iba del lado opuesto, y yo en pos de él, con la mitad del pueblo sobre el muro, desde la torre de los Hornos hasta el muro ancho (12:38)" (Nehemías 12:27-43).

Introducción

Después de tanta resistencia y oposición a la visión de Nehemías, este ve la misma realizada. La visión del muro reconstruido es una realidad y ya no es más el sueño de un líder visionario. La dedicación del muro se celebra con un doble desfile, teniendo una procesión encabezada por Esdras y la otra procesión encabezada por Nehemías; las cuales se encontraron en el mismo lugar.

I. Un llamado para celebrar

"Para la dedicación del muro de Jerusalén, buscaron a
los levitas de todos sus lugares para traerlos a
Jerusalén, para hacer la dedicación y la fiesta con
alabanzas y con cánticos, con címbalos, salterios y
citaras" (12:27).

Todo culto, servicio o reunión cristiana, debe ser una oportunidad de celebración espiritual. Nos congregamos para manifestar una acción de agradecimiento a Dios y para expresar un sentimiento de gozo espiritual.

Por medio de las alabanzas los creyentes reconocen a Dios por lo que este hace. El propósito de las alabanzas es de acercarnos más a la presencia de Dios. No debemos confundir la alabanza con la mucha "bulla" o con gritería religiosa, ya que esto no mueve a Dios. Por el contrario la alabanza es un vehículo espiritual que nos introduce a la misma presencia del Señor Jesucristo y a la comunión con el Espíritu Santo.

Leemos que "...buscaron a los levitas de todos sus lugares para traerlos a Jerusalén". Los "levitas" deben ser buscados. Dios debe revelar aquellos que tienen corazón de "levitas"; que su ministerio es de alabar y adorar a Dios. Los levitas exaltan la gloria de Dios, no buscan su propia gloria.

II. Un llamado para santificarse

"Y se purificaron los sacerdotes y los levitas;
y purificaron al pueblo, y las puertas,
y el muro" (12:30).

Una vida de entera consagración debe preceder a cualquier acto de adoración. A Dios le interesa más lo que somos que lo que hacemos. Nuestro ministerio a Él es más importante que el ministerio que damos a otros.

Ser verdaderos cristianos es más importante que ser ministros de apariencia. El llamado a la santidad es mayor que el ser llamados al ministerio. Dios está interesado en tener una verdadera relación con nosotros, a que nosotros tengamos una relación con los demás.

Una vida de entera consagración es la mejor recomendación para cualquier levita. Músicos y cantantes, grupos y solistas, que no oran, ayunan, asisten con regularidad a la iglesia y no diezman, carecen de credibilidad espiritual para ser "levitas".

III. Un llamado para dar ejemplo

"Hice luego subir a los príncipes de Judá sobre el muro, y puse dos coros grandes que fueron en procesión; el uno a la derecha, sobre el muro, hacia la puerta del Muladar" (12:31). "El segundo coro iba del lado opuesto, y yo en pos de él, con la mitad del pueblo sobre el muro, desde la torre de los Hornos hasta el muro ancho" (12:38).

El versículo 31 dice: "Hice luego subir a los príncipes de Judá sobre el muro". Nehemías ordenó a los líderes que con su presencia encima del muro dieran ejemplo al resto del pueblo.

Cuando los líderes son los primeros en captar la visión del líder, los primeros en apoyarla y los primeros en dar ejemplo público de su misión y obediencia a la autoridad espiritual, el resto del pueblo los emulará.

Los dos coros se encontrarían en casa de Dios" (12:40). Una parte de los oficiales acompañaban a Nehemías, la otra mitad acompañaba a Esdras (12:40). Entre estos dos líderes no había celos, sino que ambos compartían en el ministerio para gloria y honra de Dios.

Leemos que "...los cantores cantaban en alta voz, e Izrahías era el director" (12:42). Un ministerio de alabanza y adoración, debidamente organizado y bajo dirección de un director formaba parte del programa espiritual. A nuestro Dios le gusta el orden y la organización.

IV. Un llamado para regocijarse

"Y sacrificaron aquel día numerosas víctimas y se regocijaron, porque Dios los había recreado con grande contentamiento; se alegraron también las mujeres y los niños; y el alborozo de Jerusalén fue oído de lejos" (12:43).

La causa de ese regocijo era espiritual: "porque Dios los había recreado con grande contentamiento" (12:43). Una vida que ha sido tocada por Dios y que está satisfecha y autorrealizada en

Dios, tiene que reaccionar con una expresión de contentamiento. La participación de ese regocijo era inclusivo: "se alegraron también las mujeres y los hijos" (12:43). Todos estaban agradecidos a Dios y en familia experimentaron la alegría espiritual. Los ministerios en las congregaciones deben enfocarse más en la ministración a las familias, ya que por mucho tiempo nos hemos enfocados en individuos y no a la familia.

La participación de ese regocijo era de alcance público: "y el alborozo de Jerusalén fue oído desde lejos" (12:43). Lo que hace una congregación localmente debe ser un testimonio profético en su medio ambiente. El mundo debe enterarse de las cosas buenas que están ocurriendo en la comunidad de los santos.

Conclusión

(1) Al alabar a Dios debemos acercarnos a su presencia. (2) Más importante que ministrar a otros, es ministrar primero a Dios. (3) Los líderes con su ejemplo endosarán la visión de su líder principal o autoridad espiritual. (4) El regocijo debe tener una triple participación, a saber: espiritual, inclusiva y pública.

LA REACCIÓN DEL PUEBLO

"En aquel día fueron puestos varones sobre las cámaras de los tesoros, de las ofrendas, de las primicias y de los diezmos, para recoger en ellas, de los ejidos de las ciudades, las porciones legales para los sacerdotes y levitas; porque era grande el gozo de Judá con respecto a los sacerdotes y levitas que servían. Y habían cumplido el servicio de su Dios, y el servicio de la expiación, como también los cantores y los porteros, conforme al estatuto de David y de Salomón su hijo. Porque desde el tiempo de David y de Asaf, ya de antiguo, había un director de cantores para los cánticos y alabanzas y acción de gracias a Dios. Y todo Israel en días de Zorobabel y en días de Nehemías daba alimentos a los cantores y a los porteros, cada cosa en su día; consagraban asimismo sus porciones a los levitas, y los levitas consagraban parte a los hijos de Aarón" (Nehemías 12:44-47).

Introducción

Un pueblo agradecido a ministros que sirven y se dan de todo corazón a su ministerio, siempre los bendecirá con sus finanzas. La obra de Dios se apoya con la entrega de *diezmos* y *ofrendas* voluntarias. Aquellos que no diezman no creen a Dios; creen en Él, pero no creen a Él.

I. Una posición nombrada

"En aquel día fueron puestos varones sobre las cámaras de los tesoros" (12:44).

Las elecciones no siempre son la voluntad de Dios para un pueblo o para una iglesia. Muchos son elegidos a las posiciones por favoritismo, y no porque han respondido a un llamado para ser servidores.

El líder debe nombrar en puestos, con la asesoría de sus principales ayudantes, a personas que hayan adoptado su visión, que la entiendan, que la apoyen y que tenga fe en su liderazgo. Para eso el pastor debe orar para que el Espíritu Santo le revele el corazón de esas personas. Promover antes de tiempo a personas neófitas, inmaduras, orgullosas, etc. es dañino para éstas, y peor aún, para la misma obra de Dios.

Antes de una persona ser promovida a un puesto, debe pasar un buen tiempo probándosele como servidor o servidora. ¡Cuidado con estar dando títulos, los títulos marean a muchos en los puestos!

II. Un pueblo gozoso

"...porque era grande el gozo de Judá con respecto a los sacerdotes y levitas que servían" (12:44).

El ministerio de servidores es importante. Nadie debe llegar a ser un líder si no ha pasado por la escuela de los servidores. Todo líder debe ser probado en la capacidad de servir a otros, de ser un servidor público.

Debemos gozarnos con aquellos que sirven en la obra del Señor. Se les debe reconocer y se les debe respetar. Son ministros del Señor en el oficio o don que desempeñan.

El gozo debe ser la mejor promoción que un creyente dé ante el mundo del Señor Jesucristo y de la congregación a la cual asiste. Debemos tener cara de Nuevo Testamento y no cara de Antiguo Testamento.

III. Un ministerio cumplido

"Y habían cumplido el servicio de su Dios, y el servicio de la expiación como también los cantores y los porteros, conforme al estatuto de David y de Salomón su hijo" (12:45).

Todo ministerio de servicio se hace para Dios y éste espera que lo cumplamos bien. Muchos sirven al ministerio pero no sirven para nada. Todo servicio a Dios tiene que ser precedido por un servicio de consagración.

Notemos la expresión: "Y habían cumplido el servicio de su Dios". Muchos no terminan de cumplir el servicio a Dios. Comienzan algo para Dios, se desaniman, se frustran, se cansan, se atribulan, renuncian o dejan de trabajar. La "fiebritis de ministerio" le da a muchos que son bien emocionales, sanguíneos o coléricos extremados, que empiezan muchas cosas y no terminan ninguna. Su cuerda emocional no le da para mucho, necesitan las pilas o baterías del conejito de "energizer".

IV. Un pueblo agradecido

"Y todo Israel en días de Zorobabel y en
días de Nehemías daba alimentos a los cantores
y a los porteros" (12:47).

Aquellos que son ministrados deben bendecir con sus finanzas a los ministros. El ministro debe recibir un salario y unos beneficios que sean justos y que le ayuden a vivir modestamente. En el ministerio unos hacen y otros apoyan. Ambos son importantes.

Zorobabel y Nehemías fueron líderes que enseñaron al pueblo a suplir las necesidades de otros. ¡Somos bendecidos para bendecir! ¡Recibimos para compartir!

Los "cantores" y los "porteros" recibían alimentos de "todo Israel". Toda la congregación debe sentir la carga de sostener a aquellos que Dios ha llamado para ministrarles.

Conclusión

(1) Las elecciones no dan garantía de que una persona en puesto ha sido llamada al mismo. (2) La prueba del ministerio esté en el servicio a Dios y a los demás. (3) Quien sirve de parte de Dios, debe estar consagrado a Dios. (4) En la obra del Señor Jesucristo unos dan el paso y otros dan el peso.

LA EXPULSIÓN DE TOBÍAS

"...Y antes de esto el sacerdote Eliasib,
siendo jefe de la cámara de la casa de nuestro
Dios, había emparentado con Tobías, y le había
hecho una gran cámara, en la cual guardaban antes
las ofrendas, el incienso, los utensilios, el diezmo del
grano, del vino y del aceite, que estaba mandado dar
a los levitas, a los cantores y a los porteros, y la
ofrenda de los sacerdotes. Mas a todo esto, yo no
estaba en Jerusalén, porque en el año treinta y dos de
Artajerjes rey de Babilonia fui al rey; y al cabo de
algunos días pedí permiso al rey para volver a
Jerusalén; y entonces supe del mal que había hecho
Eliasib por consideración a Tobías, haciendo para él
una cámara en los atrios de la casa de Dios. Y me
dolió en gran manera; y arrojé todos los muebles de
la casa de Tobías fuera de la cámara, y dije que
limpiasen las cámaras, e hice volver allí los utensilios
de la casa de Dios, las ofrendas y el incienso
(13:4-9)" (Nehemías 13:1-9).

Introducción

En la ausencia de Nehemías, Tobías se las arregló para tener
una habitación en las inmediaciones del templo. Su presencia no
molestaba a nadie, pero cuando regresó Nehemías de Persia y se
enteró, se molestó y actuó contra este.

I. El enemigo se introduce sigilosamente

"...el sacerdote Eliasib [...] había emparentado con Tobías" (13:4).

Según Nehemías 13:28 Eliasib tenía el alto puesto de sumo sacerdote. No obstante no honró su posición y fue infiel a su puesto. Hizo un parentesco que a Dios desagradaba y que al pueblo daba mal ejemplo.

El enemigo de Nehemías mientras éste estuvo fuera de Jerusalén, se las ingenió para entrar en la familia de Eliasib. Ese enemigo era el reconocido Tobías. Según el autor Adam Clarke, Eliasib "había casado a su nieto con la hija de Tobías, el amigo íntimo de Sanbalat" (*Comentario de la Santa Biblia*, tomo I, Casa Nazarena de Publicaciones, 1974, p. 529).

Se ha dicho que cuando el gato se va, los ratones hacen fiesta. Sin la presencia de Nehemías, Tobías se acerca a la familia del sumo sacerdote Eliasib.

Los *Tobías* deben mantenerse siempre alejados de la comunión con los santos. Emparentarse espiritualmente con ellos es peligroso. La iglesia y el mundo no pueden hacerse amigos (Stg. 4:4).

II. El enemigo se establece dentro del territorio sagrado

"Y le había hecho una gran cámara, en la cual guardaban antes las ofrendas, el incienso, los utensilios, el diezmo del grano, del vino y del aceite, que estaba mandado dar a los levitas, a los cantores y a los porteros y la ofrenda de los sacerdotes" (13:5).

Eliasib desocupó una habitación del templo, que era utilizada como almacenaje de ofrendas, incienso, utensilios y diezmos para los que ministraban, y la transformó en un apartamento para Tobías.

En palabras de Nehemías todo esto sucedió en su ausencia: "Mas a todo esto, yo no estaba en Jerusalén, porque en el año treinta y dos de Artajerjes rey de Babilonia fui al rey; y al cabo de algunos días pedí permiso al rey para volver a Jerusalén; y entonces supe del mal que había hecho Eliasib por consideración a Tobías, haciendo para él una cámara en los atrios de la casa de Dios" (13:6-7).

En el año veinte de Artarjerjes, Nehemías había venido a Jerusalén por permiso real (2:1) y estuvo allí doce años y luego regresó a Persia donde se quedó un año, regresando de nuevo en el año treinta y dos.

La presencia de Tobías en la cámara de lo sagrado en el atrio del templo, representa la presencia del pecado y los viejos malos hábitos, que muchas veces el creyente le vuelve a dar entrada a su vida después de haberlos desalojado, porque el corazón de éste se emparenta con las cosas del mundo.

Cuando *Tobías* se mete a la "cámara" salen "las ofrendas" *(no se ofrenda)*, "el incienso" *(no se ora)*; "los utensilios" *(no se trabaja)*; "el diezmo" *(no se diezma)*; el "vino" *(no se tiene gozo)*; y el "aceite" *(no se tiene unción)*.

III. El enemigo fue desalojado por Nehemías

"Y me dolió en gran manera, y arrojé todos los muebles de la casa de Tobías fuera de la cámara, y dije que limpiasen las cámaras, e hice volver allí los utensilios de la casa de Dios, las ofrendas y el incienso" (13:8-9).

Nehemías actuó con precisión y determinación; no era tiempo de contemplaciones, ni de orar para que Dios sacara a Tobías, sino de desahuciar a este de la cámara de Dios.

A Nehemías no le importó que Eliasib no lo entendiera, y menos aún que viera su acción con buenos ojos. Al fin y al cabo, la opinión de Eliasib no le interesaba, pero la opinión de Dios, sí le preocupaba.

Aparte de esa cámara principal, Tobías tenía cámaras adyacentes. Se lo había tomado todo. El diablo comienza con la sala y luego quiere los cuartos; corrompe una parte y luego lo corrompe todo.

¡Qué sorpresa tendría Tobías cuando llegó y vio que sus muebles fueron tirados afuera! Nehemías no lo mudó, sino que lo expulsó. Con el pecado no se juega, sino que se echa fuera.

De igual manera esta acción de Nehemías, nos recuerda la acción del Señor Jesucristo cuando encontró los atrios profanados por los cambistas:

"Y entró Jesús en el templo de Dios, y echó fuera a todos los que vendían y compraban en el templo, y volcó las mesas de los cambistas, y las sillas de los que vendían palomas; y les dijo: Escrito está: Mi casa, casa de oración será llamada; mas vosotros la habéis hecho cueva de ladrones" (Mt. 21:12-13).

Conclusión

(1) Tobías se emparentó con el sumo sacerdote Eliasib. El espíritu no se puede emparentar con la carne, porque terminará dándole a ésta espacio. (2) Lo santo nunca debe ser profanado por lo mundano. (3) El líder nunca rinde su autoridad espiritual ante su enemigo. Los principios espirituales nunca se comprometen por proteger una posición.

LAS REFORMAS FINALES DE NEHEMÍAS

"Encontré asimismo que las porciones para los levitas no les habían sido dadas, y que los levitas y cantores que hacían el servicio habían huido cada uno a su heredad. Entonces reprendí a los oficiales, y dije: ¿Por qué está la casa de Dios abandonada? Y los reuní y los puse en sus puestos. y todo Judá trajo el diezmo del grano, del vino y del aceite, a los almacenes (13:10-12). ...En aquellos días vi en Judá a algunos que pisaban en lagares en el día de reposo, y que acarreaban haces, y cargaban asnos con vino, y también de uvas, de higos y toda suerte de carga, y que traían a Jerusalén en día de reposo; y los amonesté acerca del día en que vendían las provisiones (13:15). ...Y reñí con ellos, y los maldije, y herí a algunos de ellos, y les arranqué los cabellos, y les hice jurar, diciendo: No daréis vuestras hijas a sus hijos, y no tomaréis de sus hijas para vuestros hijos, ni para vosotros mismos (13:25). ...Y uno de los hijos de Joiada hijo del sumo sacerdote Eliasib era yerno de Sanbalat horonita; por tanto, lo ahuyenté de mí. Acuérdate de ellos, Dios mío, contra los que contaminan el sacerdocio, y el pacto del sacerdocio y de los levitas. Los limpié, pues, de todo extranjero, y puse a los sacerdotes y levitas por sus grupos, a cada uno en su servicio; y para la ofrenda de la leña en los tiempos señalados, y para las primicias. Acuérdate de mí, Dios mío, para bien" (Nehemías 13:10-31).

Introducción

Nehemías termina su libro como un *cruzado* de reformas religiosas. Su espada de reformas se mueve en tres direcciones: (1) la atención de la casa de Dios (13:10-14), (2) el respeto al día de reposo (13:15-22 y (3) el yugo igual (13:23-31).

I. Un llamado a atender la casa de Dios

"Entonces reprendí a los oficiales, y dije: ¿Por qué está la casa de Dios abandonada? Y los reuní y los puse en sus puestos" (13:11).

A su regreso de Babilonia, Nehemías encontró que los levitas y cantores habían abandonado su ministerio a tiempo completo en el templo (13:10). La razón era que las ofrendas destinadas para ayudarlos, se habían olvidado. Esto los obligó a retornar a su antigua tarea de cultivo.

Hoy día muchos ministros no están en el completo ministerio, porque aquellos a los cuales sirven, no les proveen para sus necesidades. Es responsabilidad de los creyentes proveer mediante sus diezmos y ofrendas para el sustento de aquellos que ejercen el sagrado oficio del pastorado. El pueblo respondió al llamado de Nehemías. Leemos: "Y todo Judá trajo el diezmo del grano, del vino y del aceite, a los almacenes" (13:12).

De aquí inferimos: (1) el pueblo se olvidó con mucha facilidad de su deber de diezmar. Por lo tanto, se le debe recordar por medio de la enseñanza y de las prédicas de su *deuda* para con Dios; (2) el diezmo debe pagarse de *todo* lo recibido; y (3) el diezmo debe entregarse o traerse "a los almacenes" escogidos por Dios. Todo creyente debe pagar sus diezmos a la iglesia donde se congrega.

Nehemías luego reorganizó el trabajo y nombró mayordomos fieles, para que se encargaran de atender las necesidades económicas del ministerio del templo (13:13).

Notemos la oración de Nehemías: "Acuérdate de mí, oh Dios, en orden a esto y no borres mis misericordias que hice en la casa de mi Dios, y en su servicio" (13:14). Dios nunca se olvidará de lo que hagamos para su casa y para su servicio. Él es el mejor *Patrón* y paga bien, y con intereses eternos. Da promoción y buenos aumentos.

II. Un llamado a guardar el día de reposo

"En aquellos días vi en Judá a algunos que pisaban
en lagares en el día de reposo, y que acarreaban
haces, y cargaban asnos con vino, y también uvas, de
higos y toda suerte de carga, y que traían a Jerusalén
en día de reposo; y los amonesté acerca del día en
que vendían provisiones" (13:15).

Al profanar el día sábado o de reposo, el pueblo de Dios estaba dando un mal ejemplo entre pueblos no creyentes como los tirios (13:16). Nehemías le llamó la atención a los "señores" o comerciantes de Judá, ya que ellos eran los responsables (13:17); y les recordó de las malas consecuencias pasadas (13:18).

El líder debe hacer responsable a quien es responsable, y no debe temer confrontar a nadie cuando lo tenga que hacer. También debe recordar a aquellos que están fallando de las consecuencias pasadas. Cuando se recuerdan los errores del pasado, estos no se repetirán en el presente.

Nehemías no era un líder de palabras, sino de acción. Dio orden de cerrar las puertas de Jerusalén y de abrirlas hasta que terminara el día de reposo (13:19). Y los negociantes que intentaron violar esto, una y dos veces se quedaron afuera (13:20).

Finalmente, los amenazó con meterlos presos: "...Si lo hacéis otra vez, os echaré mano. Desde entonces no vinieron en día de reposo" (13:21). El líder tiene que mantener su palabra. No puede establecer algo hoy, y mañana cambiarlo. La consistencia es importante en un liderazgo eficaz.

A los levitas los encargó de velar que las puertas de Jerusalén estuvieran cerradas durante el día de reposo (13:22). Los líderes deben apoyar las órdenes de su autoridad espiritual.

La oración de Nehemías es: "También por esto acuérdate de mí, Dios mío, y perdóname según la grandeza de tu misericordia" (13:22).

El líder debe procurar que su relación con Dios esté correcta; y que mediante la experiencia del perdón divino pueda ver la grandeza de su misericordia.

III. Un llamado al yugo igual

"Vi asimismo en aquellos días a judíos que habían
tomado mujeres de Asdod, amonitas y moabitas"
(13:23).

Asdod era una ciudad filistea y de allí algunos judíos tomaron mujeres, al igual que Amón y Moab. Esto era un yugo desigual, espiritualmente hablando.

El problema que produjo ese yugo desigual fue lingüístico; una parte hablaba el idioma filisteo y los otros idiomas extranjeros, olvidando su lengua hebrea materna (13:24). Nehemías era un conservador de la cultura. Creía que en la segunda generación se tenía que tener dominio de la lengua étnica. Los líderes deben ser defensores de la cultura y el idioma de sus padres.

En el aspecto espiritual nuestros hijos e hijas deben buscar pareja en su parentela espiritual y no de los filisteos, amonitas y moabitas. Nuestros jóvenes, varones y señoritas, deben comprometerse y casarse dentro de la tribu, o sea dentro del pueblo de Dios.

En la Iglesia de Jesucristo no se puede hablar el idioma del mundo y el idioma de ésta. El acento del mundo no debe pronunciarse en nuestras conversaciones.

Notemos la reacción de Nehemías: "Y reñí con ellos, y los maldije, y herí a algunos de ellos, y les arranqué los cabellos, y les hice jurar, diciendo: No daréis vuestras hijas a sus hijos, y no tomaréis de sus hijas para vuestros hijos, ni para vosotros mismos" (13:25).

Una vez más el líder confronta a los violadores del pacto, y no con palabras dulces sino agrias. Es decir, le pronunció juicios divinos y los hizo rapar las cabezas y repetir su compromiso de no hacer yugo desigual para su familia (13:26–27).

De manera irónica el nieto del sumo sacerdote Eliasib, se había casado con la hija de Sanbalat (13:28). A esto Nehemías reacciona "por tanto, lo ahuyenté de mí". Es decir, "lo reconocí como indigno de su posición al sacerdocio". Aquellos que hacen yugo desigual con el mundo, no merecen el privilegio al ministerio.

En el versículo 30 leemos: "Los limpié, pues, de todo extranjero, y puse a los sacerdotes y levitas por sus grupos, a cada uno en su servicio". Nehemías hizo su parte, los líderes en posiciones eran responsables de mantener en vigencia lo realizado. Para eso "cada uno en su servicio", haría su parte.

Nehemías termina con esta oración: "...Acuérdate de mí, Dios mío, para bien" (13:31). Al líder le debe interesar terminar bien con Dios. Por encima de todo, el ser recordado por Dios es de más importancia que toda memoria humana. La meta debe ser que Dios no nos olvide "para bien".

Nehemías el constructor

Conclusión

(1) Aquellos que son ministrados, son responsables de sostener financieramente a los que les ministran. (2) El día de Dios no debe ser ocupado rutinariamente por asuntos secundarios. (3) La separación es importante para aquellos que quieren agradar a Dios.

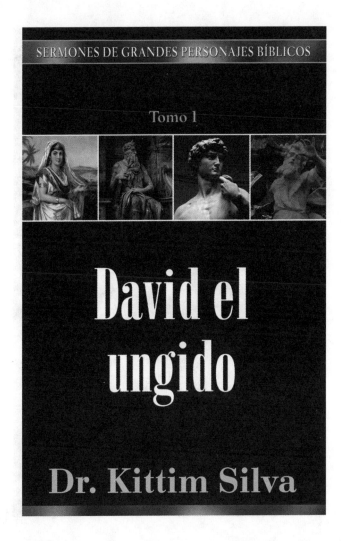

Otros libros de PORTAVOZ

SERMONES DE GRANDES PERSONAJES BÍBLICOS

Tomo 1

David el ungido

Dr. Kittim Silva

David el ungido es el primer tomo de la serie *Sermones de grandes personajes bíblicos*. Contiene sesenta y cinco sermones con comentarios acerca de David, un pastor de ovejas que llegó a ser un rey y un héroe bíblico.

ISBN: 0-8254-1681-7 / rústica

Categoría: Ayudas pastorales / bosquejos de sermones

Bosquejos de sermones que se basan en el simbolismo del águila.
Toma como punto de partida la vida y costumbres de esta
poderosa ave. Trata temas como el nido del águila, su territorio,
su vuelo y su visión.

ISBN: 0-8254-1684-1 / rústica

Categoría: Ayudas pastorales / bosquejos de sermones

Gedeón fue uno de los líderes ungidos y visionarios que Dios escogió para cambiar la historia. Este libro de bosquejos de sermones explora su trayectoria de servicio.

ISBN: 0-8254-1685-X / rústica

Categoría: Ayudas pastorales / bosquejos de sermones

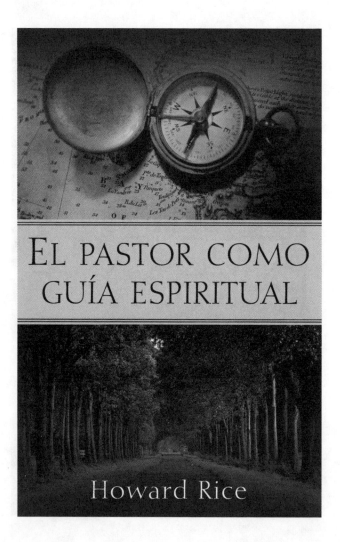

EL PASTOR COMO
GUÍA ESPIRITUAL

Howard Rice

El Pastor Rice ha dedicado este libro para ayudar tanto a los ministros como a los laicos que desean transformar la iglesia en una comunidad de amor.

ISBN: 0-8254-1607-8 / rústica

Categoría: Ayudas pastorales

Cada uno provee al predicador
con 104 bosquejos de sermones bíblicos, ¡suficientes para predicar
dos sermones cada domingo al año!

ISBN: 0-8254-1114-9 / rústica
ISBN: 0-8254-1115-7 / rústica
ISBN: 0-8254-1116-5 / rústica
ISBN: 0-8254-1117-3 / rústica
ISBN: 0-8254-1118-1 / rústica

Categoría: Ayudas pastorales / bosquejos de sermones